Este combustible es para

_____

Nombre

Prepara tu alma para
DESPERTAR

_____

Fecha

ERWIN RAPHAEL MCMANUS

ANHELOS

INTIMIDAD   DESTINO   SENTIDO

WHITAKER
HOUSE
Español

A menos que se indique lo contrario, todas las citas de la Escritura han sido toma-
das de la *Santa Biblia, Nueva Versión Internacional*®, nvi®, © 1999 por la Sociedad
Bíblica Internacional. Usadas con permiso. Reservados todos los derechos.
Las cursivas en los textos y citas bíblicas son énfasis del autor.

Traducción al español por:
Belmonte Traductores
Manuel de Falla, 2
28300 Aranjuez
Madrid, ESPAÑA
www.belmontetraductores.com

Editado por: Ofelia Pérez

ANHELOS
INTIMIDAD DESTINO SENTIDO

Publicado originalmente en inglés bajo el título *Soul Cravings, An Exploration of
the Human Spirit*, por Thomas Nelson, Inc., Nashville, Tennessee.

ISBN: 978-1-64123-457-3
EBook ISBN: 978-1-64123-459-7

Impreso en los Estados Unidos de América
© 2019 por Erwin Raphael McManus

Whitaker House
1030 Hunt Valley Circle
New Kensington, PA 15068
www.whitakerhouse.com

Por favor, envíe sugerencias sobre este libro a:
comentarios@whitakerhouse.com.

1 2 3 4 5 6 7 8 9 10 11 ᵾᵾ 26 25 24 23 22 21 20 19

Para ALBY KIPHUTH,
O como yo la conozco:
Mamá.

Tú has sido siempre una gran aventurera,
una apasionada amante de la vida,
un espíritu libre con una mente inquisitiva,
una curiosidad insaciable,
una resiliencia extraordinaria, y un espíritu indomable.

Tú eres prueba de la belleza del espíritu humano.

ÍNDICE

ANHELOS

ME DESPIERTO CADA MAÑANA RECORDANDO QUE LO ÚNICO QUE NECESITO para enfrentar el día es respirar aire fresco profundamente y encontrar mi camino hacia el café más cercano. Bueno, en realidad vivo en LA, así que ciertamente puedo vivir sin el aire fresco (mis pulmones finalmente se han adaptado al humo). La cafeína, por otro lado, es esencial. Cada mañana exige alguna forma de un Américo o Cortado.

Antes de que me condenes, déjame asegurarte que no es una adicción, sino una apreciación. Puedo dejarlo en cualquier momento, y por eso no necesito hacerlo. Estoy convencido de que el café es un gusto adquirido. El aroma es mejor que el sabor, por no mencionar la naturaleza irresistible del efecto.

La ciencia está descubriendo ahora el valor medicinal de ese grano sagrado. Si todo va bien, pronto será su propio grupo alimentario. Yo nunca he estado embarazado (mi esposa se ofreció voluntaria las dos veces), pero sí conozco el poder que tienen los anhelos. ¿Es un problema mi relación con el café java? No, el expreso es un placer culpable, y estoy agradecido por mi traficante... quiero decir... barista.

Hay anhelos en mi interior, sin embargo, que tiran de mí como una adicción.

Siempre han estado conmigo e incluso a veces me han atormentado.

Llegan más profundo de lo que nunca podría llegar cualquier adicción física.

Más allá de mi carne,

    más allá de mi mente,

más allá de mi corazón,

parece haber un lugar donde descansan mis

anhelos más profundos y poderosos.

Y no descansan en silencio.

Parece que mi alma siempre desea y demanda, y no importa cómo intente satisfacerla, **siempre anhela más**. No, no más, sino algo que parece que no puedo entender.

Mi alma anhela, pero lo que yo no sé.

Y te digo que ahí está al menos la mitad de mi problema. He probado muchas cosas y he hecho muchas cosas, seguro de que darían satisfacción a mi alma, pero nunca lo hicieron.

La mayoría de las veces fue peor que dejarme vacío. No solo me encontré insatisfecho, sino que el vacío del tamaño de un cráter en mi interior era entonces más profundo que antes.

Parece como si hubiera empleado toda mi vida intentando satisfacer esta parte insaciable de mi ser.

Si entrevistaras mi alma, probablemente me describiría como un sádico o un masoquista. Mi alma te diría que encuentro cierto placer oscuro en dejarla insatisfecha. Antes de que llegues a una conclusión, sin embargo, necesitas escuchar a ambas partes. No es que yo quisiera matar de hambre mi alma. Nunca le retuve a propósito lo que ella necesitaba.

Si viera a un hombre arrastrándose por el desierto y desesperado por encontrar agua, compartiría con él lo que yo tuviera. Si supiera dónde estaba el pozo, le señalaría el camino. Bueno, incluso lo arrastraría hasta allí.

¿Cómo puedo ser considerado yo el responsable cuando mi alma ni siquiera sabe lo que realmente necesita?

Pero, ¿y si pudiéramos saberlo? ¿Y si debiéramos saberlo?

En la primera página del diario de Kurt Cobain, él escribe: "No leas mi diario cuando yo no esté. OK, ahora me voy a trabajar, cuando te despiertes esta mañana, por favor lee mi diario. Mira entre mis cosas y entiéndeme".

La vida de Kurt terminó trágicamente a los veintisiete años de edad. Irónicamente, el nombre de su banda era Nirvana, el nombre hindú para paraíso. El mismo artista que escribió la canción "Come As You Are" (Ven tal como eres) nunca encontró al final lo que estaba buscando, nunca encontró la ayuda para entenderse a sí mismo.

Creo que todos nos parecemos más a Cobain de lo que querríamos admitir. Todos batallamos para entendernos a nosotros mismos. Todos tenemos miedo a exponer nuestra alma ante quienes podrían juzgarnos, y al mismo tiempo necesitamos ayuda desesperadamente para guiarnos en este viaje. Si no tenemos cuidado, podríamos encontrarnos con todo lo que este mundo tiene que ofrecer y después descubrir que nos hemos perdido a nosotros mismos en la confusión.

Todos intentamos buscarnos a nosotros mismos, intentando entender quiénes somos, esperando que podríamos descubrir nuestro lugar único en este mundo. Todos somos residentes temporales que estamos en una búsqueda común.

Una película titulada *21 Grams* (21 Gramos), protagonizada por Sean Penn, Benicio Del Toro y Naomi Watts, tiene una narrativa que gira en torno al valor de una vida humana. Su introducción se refiere a un fenómeno que sucede en el momento de nuestra muerte.

> Dicen que todos perdemos 21 gramos en el momento exacto de nuestra muerte… todos.
>
> El peso de un montón de monedas de cinco centavos, el peso de una tableta de chocolate, el peso de un colibrí.

La cuestión planteada es sencilla y a la vez profunda: "¿Cuánto pesa la vida?". La implicación, sin duda, es que lo que perdemos en los veintiún gramos es el espíritu humano, que hay más en nosotros que simplemente carne y sangre. Por lo tanto, voy a poner las cartas sobre la mesa. Creo que tú eres algo más que agua y polvo. En lo más hondo eres un ser espiritual de valor infinito. Ser humano es un regalo. Fuiste creado por Dios, y tienes un valor inmensurable para Él.

Jesús dijo una vez que el reino de Dios está en nuestro interior. Sin embargo, la mayoría de nosotros ni siquiera nos molestamos en explorar la posibilidad de que eso pudiera ser cierto. Parece que lo que Él da a entender es que tenemos una mejor probabilidad de encontrar a Dios en el universo de nuestro interior que en el universo que nos rodea.

Y es por esta senda a la que te invito que camines conmigo. Te invito a participar en una exploración del espíritu humano, a hacer un viaje a lo profundo de tu interior y descubrir el misterio del universo que existe dentro de ti.

Esta es la pregunta que me pidió que enfrentara hace años atrás, cuando me encontraba batallando desesperadamente para entenderme a mí mismo, intentando medir el peso de esta vida. Allí estaba yo, haciendo mi contribución personal a la extensa investigación que se estaba haciendo sobre el significado de las manchas de tinta.

"¿Qué ves?".

Incluso con doce años de edad yo sabía que esa era una pregunta capciosa.

Él quería saber lo que yo veía para así poder mirar en mi interior. Sin embargo, es realmente una buena pregunta. Tu retina puede ser necesaria para la vista, pero tu alma definitivamente moldea lo que ves. Mi alma estaba confusa, fría, y volviéndose insensible, y rápidamente me estaba volviendo ciego a muchas cosas. Cuando tu alma está enferma, uno de los síntomas es la ceguera.

La amargura, por ejemplo, es como un cáncer que te deja ciego. Yo había permitido que el dolor hiciera tóxica mi alma. Desde mi posición, estaba seguro de que sencillamente estaba siendo una persona realista. De hecho, me estaba insensibilizando. ¿Por qué arriesgarme a ser herido de nuevo? No entendía que me estaba cegando al amor. No podía ver a las personas a mi alrededor que se interesaban de veras. Sus esfuerzos sinceros pasaban desapercibidos. Si me hubieran preguntado entonces, yo habría dicho que ellos no estaban allí. Ahora miro atrás y entiendo que sencillamente yo no podía verlos, pero estaban allí, delante de mí, todo el tiempo. La amargura se convirtió en escepticismo, el cual se volvió cinismo, el cual a su vez se convirtió en un vacío de mi alma.

La amargura es el enemigo del amor porque hace que seas implacable y no estés dispuesto a dar amor incondicionalmente.

Es el enemigo de la esperanza porque sigues viviendo en el pasado y te vuelves incapaz de ver un futuro mejor.

Es el enemigo de la fe porque dejas de confiar en los demás excepto en ti mismo. Saco a colación este tema porque creo que muchos de nosotros quedamos cegados por una amargura del alma. Si no tenemos cuidado, perderemos la habilidad de ver cosas como belleza, verdad, o incluso afecto. Y más importante, puede que cierres tus ojos a lo que tu alma más necesita que veas.

NO ES COINCIDENCIA QUE LA PSICOLOGÍA SEA EL ESTUDIO DEL ALMA. *PSICO* viene de la palabra griega para *alma, aliento, vida*. Es concretamente el estudio de las condiciones humanas fuera del ámbito físico. ¿Es posible que mucho de lo que llamamos psicosis y neurosis, se trate en realidad de que estamos enfermos del alma?

¿Qué ves tú?

Si puedes responder con sinceridad a esta pregunta, echarás una mirada bastante clara a ti mismo. Pero más que eso, comenzarás un viaje de autodescubrimiento. Para que esto suceda, me gustaría invitarte a una historia. Es la historia de todos nosotros.

Me gustaría guiarte en un viaje del alma y ayudarte a descubrir aquello que ya está en tu interior. Y preguntarás algo más que simplemente: ¿Qué veo? También preguntarás: ¿Qué oigo? ¿Qué siento? ¿Qué encuentro?

Esta será una exploración del espíritu humano, y estoy totalmente seguro de que te sorprenderá lo que descubrirás.

Por delante encontrarás una trilogía. Encontrarás tres búsquedas en las que todos estamos inmersos: una búsqueda de intimidad, una búsqueda de destino y una búsqueda de sentido. Pueden emprenderse en cualquier orden. Escoge la que más te llame la atención en este momento. Aunque todos nosotros recorremos cada uno de estos viajes en algún momento en nuestras vidas, y todos llevamos en nuestro interior estos anhelos del alma, son intensificados en diferentes momentos y lugares en nuestros viajes.

Debería mencionar que este no es un libro enfocado en la evidencia empírica para Dios. Se trata de llegar a conocernos a nosotros mismos. *Anhelos* es un diario de la historia humana. Habla de nuestra historia; y si Dios existe, deberíamos ser capaces de encontrarlo aquí. Yo no sé cómo demostrarte a Dios. Solamente puedo esperar guiarte hasta un lugar donde Dios y tú puedan tener un encuentro.

Las páginas siguientes reflejan mi viaje, y te invito a que me acompañes en mi búsqueda. Nunca he creído que podamos ni debiéramos incluso intentar forzar a Dios sobre alguien. Este libro es mi regalo para todos ustedes que están en una búsqueda genuina de Dios. Digo que es un regalo porque sé que no puedo esperar que abras tu alma si yo no desnudo la mía propia.

Mi alma anhela.

Si la tuya también lo hace, entonces viajemos juntos por un tiempo.

ERWIN

INTIMIDAD

INTIMIDAD
PASIÓN
RELACIONES
ACEPTACIÓN
PERTENENCIA
COMUNIDAD
TRIBU
IDENTIDAD
COMPASIÓN
AMOR

ENTRADA 1   EL AMOR ES COMO PISAR CRISTALES ROTOS

UNA HERMOSA NOCHE EN CAROLINA DURANTE MI SEGUNDO AÑO EN LA Universidad de Carolina del Norte, un grupo de nosotros decidimos escaparnos de la residencia de estudiantes y caminar hasta la Calle Franklin, el pilar de la vida de Carolina. Era un momento para ponernos al día con viejos amigos y hacer otros nuevos. Después de comer algo, todos nos dirigimos otra vez a la residencia Avery, y entonces sucedió lo más inesperado. En medio de muchas charlas y risas, de repente hubo un fuerte sonido de dolor. La persona a la que yo menos conocía, pero sinceramente a la que me sentía más atraído, había comenzado a caminar descalza, y pisó unos cristales rotos.

A ella le resultaba imposible dar otro paso más.

Todos estábamos preocupados, y todos los muchachos querían ayudar, pero el destino pareció inclinarse en mi dirección. Yo fui el único que pudo levantarla y cargarla. Gracias a Dios por salir con un grupo de locos. Yo la levanté y la cargué durante lo que debió haber sido poco más de un kilómetro hasta la residencia, todo el camino cuesta abajo, o al menos eso me pareció. Fue magia. Ella era realmente ligera, yo era realmente fuerte, o quizá estaba muy motivado.

Y como la trama de una novela clásica, nació el romance, el tipo de romance del que solamente leemos, y leemos con envidia. Verás, amor verdadero, un romance épico, un clásico de Shakespeare.

Creo que fue Christopher Marlowe quien dijo: "Ven conmigo y sé mi amor, y probaremos todos los placeres de la vida". Esto tuvo que ser lo que se pronunció cuando se acuñó la expresión "amor verdadero": el tipo de amor que dura para siempre; la materia de la que escriben los poetas durante cien años.

Duró un par de meses.

Esto me lleva al problema con el amor. Te atrae como un cordero que se dirige al matadero. Te roba el corazón con promesas que parecen casi demasiado buenas para ser verdad, y entonces descubres que exactamente eso era lo correcto.

Quizá John Donne lo expresó mejor: "Yo soy dos veces necio, lo sé. Por amar, y por decirlo".

Probablemente no hay otro tema discutido jamás entre los seres humanos que sea más cautivador y más elusivo que el amor. Desde Afrodita hasta Oprah Winfrey, buscamos que nuestros expertos nos dirijan entre esta tumultuosa jungla de emociones humanas. Cada generación escribe sobre el amor. Desde *Orgullo y prejuicio*, la novela de Jane Austen, *Orgullo y prejuicio*, la miniserie británica, *Orgullo y prejuicio*, la película de Hollywood, hasta *El Diario de Bridget Jones* (alias *Orgullo y prejuicio* para quienes no saben que les gusta *Orgullo y prejuicio*), nunca parecemos ser capaces de escapar a los efectos enloquecedores del amor.

Somos impulsados *por* amor, impulsados *a* amar, e incluso impulsados *desde* el amor.

Sin amor no habría mucho de lo cual cantar, e incluso la música parece desgarrada cuando se trata de amor. Algunos cantan del amor como la única razón irresistible para vivir. Desde "Everlong" ("Siempre") de los Foo Fighters hasta el insistente "You're Beautiful" ("Eres hermosa") de James Blunt, describen el poder absorbente del amor. Al mismo tiempo tenemos canciones como "Breaking My Heart" ("Rompes mi corazón") de Aqualung y "Someday You

Will Be Loved" ("Algún día serás amada") de Death Cab for Cutie, hasta el clásico de la vieja escuela "What's Love Got to Do with It" ("Qué tiene que ver el amor", de Tina Turner, para quienes son demasiado jóvenes para conocerla), que nos recuerdan que quizá no hay un lugar más peligroso donde estar que en el amor.

> ¿Cómo es que lo mismo que puede convertir tu vida en
> una rapsodia también puede dejarte desgarrado,
> como un pez muerto envuelto en un papel de periódico
> viejo?

Depeche Mode hace exactamente la pregunta correcta en la canción "The Meaning of Love" (El significado del amor).

He leído más de cien libros
Viendo el amor mencionado miles de veces
Pero a pesar de todos los sitios en que he buscado
Todavía no está claro, no basta
No estoy cerca aún del significado del amor.

Anoté todas mis observaciones
Pasé una noche viendo televisión
Y aún no podría decirlo con precisión
Sé que es un sentimiento que viene de lo alto,
Pero ¿cuál es el significado del amor?

(dime)

Por las notas que hasta ahora he tomado
El amor parece algo como la necesidad de una cicatriz
Pero podría estar equivocado, no estoy seguro ¿sabes?
No he estado nunca antes enamorado.

Luego les pregunté a algunos amigos míos
Si les sobraban un par de minutos
Sus miradas me sugirieron que me había vuelto loco.
Respóndeme, Dios mío.
Dime el significado, el significado del amor.

ESTOY VIVIENDO EN EL LUGAR MÁS
PELIGROSO DEL MUNDO

EL CLÁSICO SUBTERRÁNEO DE ROBERT YOUNG PELTON TITULADO *THE World's Most Dangerous Places* (Los lugares más peligrosos del mundo) tiene más de mil páginas. Destaca las zonas de peligro de primer orden como Colombia, Chechenia y Liberia. Pelton irónicamente escribe, no para desalentarnos de viajar, sino para ayudarnos a llegar allí y quizá incluso sobrevivir. En ningún lugar, sin embargo, nos advierte sobre el lugar más peligroso del mundo, y ciertamente no nos da ninguna guía sobre cómo sobrevivir cuando estamos atascados allí. Me hace preguntarme si él ha estado enamorado alguna vez.

Lo mejor que puedo decir, a pesar de cuán poderoso se siente, es que el poder de permanencia del amor no tiene un porcentaje muy alto. La intensidad del amor parece no tener relación con su resiliencia. Si alguna, mientras más amas a alguien, más capacidad tienes de llegar a odiar a esa persona. Y a propósito, ¿por qué parece que la mitad de las veces ni siquiera sabías que estabas enamorado hasta que lo perdiste? ¿Es el desamor el único modo de saber si el amor es genuino?

> Después de todo, las únicas personas que pueden
> herirte profundamente
>> son a quienes
>>> permites

profundizar

dentro de tu alma.

Eso es lo que hace que el amor sea tan peligroso. Mientras más amas a alguien, más daño puede hacerte esa persona. Cuando entregas tu corazón a alguien, lo confías al cuidado de esa persona. Tu ser amado puede hacer casi lo que quiera con él, y tú quedas vulnerable y sin defensa. ¿No es grandioso el amor? No es extraño que todos lo estemos buscando.

No, volvamos a pensar eso.

Dados todos los problemas que puede crear el amor, ¿por qué seguimos anhelándolo? ¿Cuántos miles de años nos tomará aprender? ¿Cuántos Romeos y Julietas tienen que yacer muertos en el suelo antes de que estemos dispuestos a renunciar a esta adicción perversa? Ah, ya sé que ellos no eran reales, pero de nuevo hago la pregunta: ¿lo es el amor? Si la evolución es nuestra comprensión preferida de la historia humana, ¿por qué no podemos evolucionarnos a nosotros mismos para salir de este talón de Aquiles primitivo que conocemos como amor? Y no me hables sobre la propagación de las especies. El amor no es necesario para la reproducción; lo es solamente el sexo. Lo único que necesitamos es atracción, no emoción... Si la intimidad se trata solamente de atracción, podríamos simplemente desear y repartir amor.

Pero es que no funciona así. Han pasado casi cuatrocientos años desde que René Descartes razonó: "Pienso, luego existo". Él fue el primer Vulcano. Por mucho tiempo hemos estado convencidos de que finalmente encontraríamos ese plano más elevado donde las emociones ya no nos definen. Cuatrocientos años después del nacimiento de la Ilustración, seguimos sin haber mejorado.

¿Cómo puede ser que en la era de la posinformación, en la era de la revolución tecnológica, aún sigamos necesitando algo tan primitivo como el amor?

A pesar de cuántas veces fallemos en el amor, o
cuántas veces el amor nos falle, aramos por delante.
Incluso las cicatrices del amor raras veces nos detienen de
arriesgarnos en el amor.

Por extraño que parezca, en medio de nuestros recuerdos más
dolorosos encontramos los que más atesoramos. Esto se representa con fuerza en la película *Eternal Sunshine of the Spotless Mind*
(*Eterno resplandor de una mente sin recuerdos*). Jim Carrey y Kate
Winslet se reúnen para explorar la pregunta: ¿Está llena de eterno
resplandor, una mente libre del dolor del amor? Si tuvieras la oportunidad de borrar todos los recuerdos de tu amor más grande para
estar libre del dolor de perderlo, ¿lo harías? Yo no lo haría. No creo
que muchos de nosotros lo haríamos.

Somos adictos al amor, y está fuera de control.

Daríamos cualquier cosa y todo para encontrarlo.

Aquí es donde yo comienzo a albergar una teoría de la conspiración.

Aquí está sucediendo más de lo que parece.

Es como si hubiéramos sido diseñados a propósito con un defecto
de fábrica que nos mantiene buscando... amor.

Parece humillante decirlo, pero necesitamos ser amados. Yo necesito ser amado. Tengo la sensación de que acabo de entrar en un
programa de doce pasos. "Hola, soy Erwin. Soy adicto al amor".

Si intentamos ignorarlo, si pensamos que podemos vivir nuestra
vida sin amor, estamos incluso en peor estado que la persona que
está desesperada por encontrarlo.

Renunciar al amor es escoger una vida que es menos que
humana. Renunciar al amor es renunciar a la vida.

ENTRADA 3   EL AMOR ES UNA DELGADA LÍNEA ROJA

CUANDO RENUNCIAMOS AL AMOR, TODO LO DEMÁS PARECE SEGUIRLO:

alegría,

   esperanza,

      perdón,

         compasión;

            todos ellos están interconectados.

Pero podrías hacerte la pregunta: ¿Y si nunca encuentro el amor? Después de todo, uno no puede ser responsable si ha buscado amor, se ha arriesgado en el amor, incluso ha luchado por el amor, y sin embargo siempre ha resultado no correspondido. Cuando el amor no llega a ti, eso te rompe el corazón, pero cuando no das amor, eso endurece tu corazón. Una cosa más extraña que nuestra necesidad de ser amados es nuestra necesidad de amar, lo cual me conduce de nuevo a mi teoría de la conspiración: estamos diseñados para el amor.

Recuerdo que hace varios años atrás estaba sentado en un cine en Westwood viendo la película de Terrence Malick, *Thin Red Line* (*La delgada línea roja*). Dos cosas resaltaron para mí: Jim Caviezel tranquilamente de pie en el vestíbulo observando nuestras reacciones mientras salíamos, y un inolvidable monólogo en medio de una película de guerra sobre la naturaleza del amor.

"Mi querida esposa,

algo se te retuerce por dentro por toda esta

sangre, suciedad y ruido.

Quiero mantenerme inmutable por ti.

Quiero regresar a ti siendo el hombre que era antes.

¿Cómo llegamos a esas otras playas?

A esas colinas azuladas.

Amor.

¿De dónde viene?

¿Quién encendió esta llama en nosotros?

Ninguna guerra puede extinguirlo, conquistarlo.

Yo era un prisionero.

Tú me liberaste".

El soldado Jack Bell (Ben Chaplin) hizo la pregunta más profunda de nuestra alma. ¿Qué es esto llamado amor? ¿De dónde viene? ¿Por qué somos tan afectados por su presencia y su ausencia?

No podemos vivir sin ser afectados por el amor. Estamos más vivos cuando lo encontramos, más devastados cuando lo perdemos, más vacíos cuando renunciamos a él, somos más inhumanos cuando lo traicionamos, y más apasionados cuando lo perseguimos. La historia humana parece más impulsada por la locura del amor que por la supervivencia del más fuerte. Cuando yo tenía diecisiete años y salía volando sin detenerme para cenar, mi mamá me decía: "No puedes vivir del amor". Quizá no, pero no podemos vivir sin él.

¿Puedes ser lo suficientemente sincero para admitir que el amor te empuja, te atrae, te elude, te atormenta... a veces todo en el mismo día? Fuiste creado para la relación. Esto está y siempre estará en el núcleo de tu ser.

Todos nosotros tenemos una necesidad intrínseca de pertenecer, y todos estamos en una búsqueda de intimidad. A pesar de cuántas cosas son diferentes sobre nosotros, en esto somos todos iguales: todos anhelamos amor. Es como si estuviéramos buscando un amor que hemos perdido. O quizá más extrañamente, buscamos un amor que nunca hemos conocido, pero que de algún modo sentimos que nos espera.

La evidencia más poderosa de que nuestra alma anhela a Dios, es que en nuestro interior hay un anhelo de amor. Todos estamos conectados por una delgada línea roja.

¿ALGUNA VEZ TE HAS ENCONTRADO CARA A CARA CON EL VACÍO DE AMOR que existe dentro de tu alma? ¿Has tenido alguna vez una sensación de soledad, incluso mientras estabas en medio de una multitud? Al mismo tiempo puedes estar totalmente a solas y tener una sensación maravillosa de conexión con el mundo. Puedes disfrutar de estar a solas, pero puedes llegar a perderte en la soledad. ¿Te has preguntado alguna vez si tú eres la única persona que sencillamente no podría ser amada o que, en cierto modo, ha nacido indigna de amor? A veces llegaremos hasta extremos inimaginables para ganarnos amor, para sentir amor, para ser amados. Sin amor, cada noche es "una noche de tres perros".

Claire Danes sería una de las últimas personas que uno esperaría que batallara con la soledad. Bella, talentosa y exitosa, llegó a lo más alto a los quince años de edad en la serie de televisión de la ABC *My So-Called Life* (Mi tan llamada vida). Irrumpió en la gran pantalla con Leonardo DiCaprio en la versión de 1996 de *Romeo y Julieta*. En una entrevista con Dotson Rader, ella confesó: "Una parte de mí deseaba la fama porque la relacionaba con el amor... ese fue un completo error. La fama no pone fin a la soledad". Se nos dice que "toda su vida, ella ha sentido una sensación innata de soledad". Nuestra necesidad de amor es intrínseca: existe en todos nosotros. Nuestra alma anhela intimidad.

Somos creados para conocer a Dios y para conocer el amor. El amor es lo que mueve a Dios hacia nosotros y es el amor lo que nos empuja hacia Él. Sigue el amor y te guiará a Dios.

EL AMOR ES EL PRINCIPIO DE TODAS LAS COSAS

Desde el principio mismo fuiste creado para el amor.

Quizá sea difícil de aceptar, pero tú eres el objeto del amor de Dios. Él te creó por amor, y aunque puede que aún no lo entiendas, tu alma anhela conocer este amor. Pero va más allá de eso. Tú eres una criatura de amor. Estás diseñado para amar y ser amado. Nuestra búsqueda de intimidad explica nuestra necesidad de comunidad, relación, amistad y aceptación; se expresa más profundamente en nuestra necesidad de amor romántico.

Todos anhelamos pertenecer. Somos creados para conocer el amor y dar amor. Nuestra necesidad de amor, aunque está arraigada en Dios, no está limitada a Él. El amor no es un bien limitado. El amor se expande a medida que lo damos. El amor muere cuando no lo entregamos.

Sin amor no hay vida. Amar es ser plenamente humano.

ENTRADA 5   EL PELIGRO DE AMAR NADA

IRÓNICAMENTE, CUANDO A VECES SENTIMOS QUE NO HAY NINGÚN LUGAR PARA nosotros en el mundo, decidimos vivir una vida de aislamiento y desconexión, como nuestro modo de echarle la culpa a toda la humanidad antes de que ellos puedan llegar a nosotros.

Te habrás hecho la pregunta una y otra vez: ¿Hay alguien a quien de verdad le importe? Y tu conclusión es: *No*. Así que decides unirte a ellos. A ti tampoco va a importarte. Ya no vas a sentir más dolor.

A veces llevamos tan lejos todo esto que decidimos que el único modo de no sentir dolor es infligirlo.

No debería sorprendernos que Ted Kaczynski, más conocido con el sobrenombre de Unabomber, escogiera una vida de aislamiento y desconexión, rechazando un mundo que él concluyó que lo había rechazado a él. No fue suficiente tan solo con huir de ese mundo; tenía que encontrar algún modo de destruirlo. Incluso la designación que se le dio es reveladora: *Una*bomber. Una—

uno

singular

solitario

solo

El contacto con el mundo real no es opcional; es esencial. Somos creados para la relación. Nacemos para la comunidad. Para que podamos estar sanos debemos ser una parte de otros. La independencia es una cosa; el aislamiento es otra. Mientras más vivimos vidas desconectadas, más nos volvemos indiferentes al bienestar de los demás.

Mientras más nos alejamos de   la comunidad,

máscercanosmovemoshacialaviolencia.

A lo largo de los años hemos llegado a esperar la violencia urbana. Si fuéramos sinceros con nosotros mismos, tendríamos que reconocer que muchos de nosotros nos hemos vuelto insensibles al crimen y la violencia en el centro de nuestras ciudades y especialmente entre los pobres urbanos, razón por la cual probablemente lo que sucedió en la tranquila comunidad del Condado de Jefferson (Colorado) afectó tanto a la psiquis estadounidense. Dos muchachos adolescentes planearon durante más de un año masacrar sin piedad a tantos alumnos y maestros como fuera posible en la Escuela Secundaria Columbine.

ANHELOS

Si no sé ninguna otra cosa sobre Eric Harris y Dylan Klebold, que ellos habían renunciado al amor. Ya no se consideraban a sí mismos una parte de la comunidad humana. No les importaba nada ni nadie, ni siquiera ellos mismos. Donde no hay amor, no hay valor alguno por la vida. Cuando el odio consume nuestros corazones, lo único en que podemos pensar, lo único que deseamos, es destruir.

Cuando hay desvinculación de la comunidad humana, existe el potencial para la inhumanidad.

> El corazón humano
> no fue creado
> para ser un recipiente
> para el odio.

Cuando permitimos que la amargura, los celos, la envidia, el racismo, la lujuria, la avaricia y la arrogancia alimenten nuestra alma, creamos un entorno en nuestro interior para ser agentes de violencia.

Vivimos en una época en la que la bomba más aterradora no es una bomba nuclear, sino una bomba humana.

Hasta ahí ha llegado la humanidad. Hasta este punto hemos evolucionado. Nos atamos bombas alrededor del pecho, atraemos a nuestra presencia a inocentes, y entonces nos consideramos héroes cuando destruimos todo lo que nos rodea. Si esto no fuera ya lo bastante malo, para algunos se ha convertido en una prueba de espiritualidad.

¡Hay personas a nuestro alrededor esperando a E X P L O T A R!

¿Cuántos de nosotros vamos caminando por ahí con detonadores ya encendidos? A riesgo de simplificar en exceso, tú eres un peligro para el mundo cuando no amas nada, y eres aún más peligroso cuando amas las cosas equivocadas. Cuando existe un vacío de amor dentro de tu alma, amargura, envidia y racismo se apresuran a llenar el espacio vacío.

Hay una diferencia drástica entre fanatismo y amor.

El fanatismo justifica y define a quién odiamos.

El amor abraza y no deja lugar para la violencia.

El día 1ro. de septiembre cada año, niños, padres y familias se reúnen para celebrar lo que se conoce en Rusia como el Día del Conocimiento. En este día, tras escuchar discursos e información muy importante para el nuevo año, los niños y niñas de primer grado entregan flores a lo que se describe como los de "último grado".

Fue este día exactamente cuando terroristas chechenos decidieron apoderarse de una escuela en Beslan (Rusia). Fue el 1ro. de septiembre de 2004 cuando Beslan Middle School Number One fue tomada por la fuerza por un grupo de aproximadamente treinta hombres y mujeres armados. Se tomaron más de 1.300 rehenes, la mayoría de los cuales eran niños y niñas menores de dieciocho años. Al final de tres días, la crisis de rehenes culminó en una descarga de disparos entre quienes tomaron los rehenes y las fuerzas de seguridad rusas.

Cuando se asentó el polvo, 344 civiles resultaron muertos; 186 de ellos eran niños. Uno no tiene que entender las complejidades de la política rusa para saber que algo está terriblemente mal.

> ¿Qué sucede dentro de un ser humano para que una ideología se vuelva
> más importante que una vida humana?

Incluso aquellos de nosotros que desdeñamos la violencia en todos los niveles podríamos entender el uso de la fuerza para proteger a los inocentes, pero ¿cómo puede cualquiera de nosotros encontrar una lógica para actos como este? ¿Cuán oscura debe volverse un alma humana, cuán endurecido se vuelve un corazón humano, para permitirnos apagar una vida simplemente para establecer un punto?

Estamos en medio de un dilema humano.

Anhelamos comunidad; anhelamos pertenecer; anhelamos amor.

Sin embargo, parecemos incapaces de sostener aquello que más anhelamos.

La humanidad no tiene depredadores naturales excepto nosotros mismos.

Estamos más seguros en la jungla que en la ciudad.

Nosotros somos nuestros peores enemigos.

ENTRADA 6   CUANDO EL AMOR CORTA COMO UN CUCHILLO

TAL VEZ NOS SENTIMOS MÁS SEGUROS A SOLAS, PERO CUANDO ESCOGEMOS una vida de aislamiento, cuando vivimos sin reflejo alguno de comunidad, es más fácil justificar la violencia, o al menos indiferencia hacia el bienestar de otros.

En algún lugar, en los archivos donde guardo cosas extrañas que me regalan, hay guardado un cuchillo de cazador. Me sirve como un trágico recordatorio de que, más veces de las que creemos, cuando excavamos bajo la violencia encontramos un lugar donde antes había amor. El cuchillo me lo regaló un hombre al que conocí brevemente hace más de veinte años atrás, mientras yo viajaba por el sur de California.

Yo era uno de los oradores en un evento aquí en LA, y se acercó en su motocicleta un invitado inesperado. Había llegado sin invitación, y en algunos aspectos parecía que su llegada fue casi fortuita. Estuvo sentado durante mi charla y parecía genuinamente conmovido, o al menos inquietado. Después mantuvo conmigo una conversación que fue más parecida a una confesión.

Sacó un cuchillo y me lo regaló como un símbolo de que ese día él soltaba toda la amargura y la violencia que habían alimentado su vida. Lo que él comenzó a describir era una vida que había dejado una estela de muerte.

Él era un hombre de violencia impulsado por el odio y el enojo.

Yo me quedé entre asombrado y asustado, pero decidí indagar para entender qué impulsaría a una persona a una vida de violencia sin sentido. No se necesitaba un doctorado en psiquiatría para descifrar su estado. Sin vacilación, él fue capaz de llevarme hasta el núcleo del asunto.

Un día llegó a casa temprano del trabajo y encontró a su esposa en la cama con su hermano. Algo se quebró en su interior. Los mató a los dos y huyó para salvar su vida, y desde entonces se ha odiado a sí mismo y al mundo. Fue un breve encuentro con un desconocido cuyo nombre nunca supe y cuyo rostro no puedo recordar. Lo que no puedo olvidar es que el amor y el odio nunca están muy lejos.

Me gustaría haber conocido el resto de la historia.

Aunque quizá la vida de este hombre se desarrolló a un nivel más intenso, su historia es, sin embargo, la historia humana. Es la historia de todos nosotros. Y llega con una advertencia en la etiqueta.

El gran peligro de renunciar al amor es que comenzamos a ceder al odio. Un lugar donde no hay amor es tóxico para el alma.

Cuando amamos, somos movidos hacia el perdón. Cuando permitimos que el odio tome el control, comenzamos a vivir para la venganza. Si te atreves a amar y has sentido la punzada de la traición, finalmente podrías justificar una vida de amargura y cinismo. Podrías concluir: ¿Cómo podría alguien culparme?

Si nunca has encontrado el amor, si nunca has sido amado, ¿cómo puede alguien esperar que vivas una vida de amor?

Después de todo, incluso los más sinceros de nosotros podrían concluir, finalmente, que no hay tal cosa como amor, que el amor es solamente una palabra para debilidad. Y la mayoría de nosotros hemos sido muy, muy débiles.

MIENTRAS QUE UNA PERSONA PUEDE ESCOGER UNA SENDA DE AISLAMIENTO para atenuar el dolor de una existencia sin amor, otros pueden escoger un camino drásticamente diferente. No necesariamente un camino mejor, tan solo uno diferente.

Algunas vidas pueden explicarse solamente por el efecto enloquecedor del amor.

Tengo amigos que prácticamente han vendido su alma esperando ser amados. Algunos enmascaran su dolor mediante la indiferencia, pero otros lo hacen mediante la falsa intimidad. Todos anhelamos pertenecer. Todos necesitamos estar conectados a algo mayor que nosotros mismos. Ya sea que nos guste o no, gran parte de nuestra autoestima está arraigada en cómo sienten o piensan otras personas sobre nosotros. Si no pertenecemos a nadie, comenzamos a sentir que somos indignos. Debido a eso, haremos casi cualquier cosa para pertenecer a alguien o pertenecer a algo.

El sexo, desgraciadamente, se utiliza como un atajo hacia el amor.

El sexo puede ser la expresión de amor más íntima y hermosa, pero solo nos mentimos a nosotros mismos cuando actuamos como si el sexo fuera prueba del amor. Demasiados hombres demandan sexo como una prueba de amor; demasiadas mujeres han dado sexo con la esperanza de amor. Vivimos en un mundo de usuarios en el que abusamos los unos de los otros para atenuar el dolor de nuestra soledad. Todos anhelamos intimidad, y el contacto físico puede parecer intimidad, al menos por un momento.

¿Hay cualquier momento que se sienta más lleno de soledad que el segundo después de tener sexo con alguien a quien no le importas nada?

No hay tal cosa como sexo libre. Siempre llega con un costo. Con él, o entregas tu corazón o entregas tu alma. Parece que puedes tener sexo sin dar amor, pero no puedes tener sexo sin entregar una parte de ti mismo.

Cuando el sexo es un acto de amor, es un regalo. Cuando el sexo es un sustituto del amor, es una trampa.

¿Has conocido alguna vez a un mujeriego de cincuenta y cinco años? Es bastante triste, en realidad. La mayoría de los que yo he conocido no permanecieron solteros en el papel, solo en principio. Entrando y saliendo de matrimonios, entrando y saliendo de relaciones, señalan su desapego como prueba de su autosuficiencia. Son los tipos en la universidad que engullen la cerveza y juran que estarán solteros toda la vida. Probablemente deberían haber cumplido ese compromiso. Se veían muy populares cuando tenían veintidós años.

La mayoría de los hombres, si fueran sinceros, admitirían que los envidiaban. ¡Y vaya qué vida...! Emborracharse, dormir con una desconocida, vomitar, escabullirse torpemente, evitar todo contacto visual, dormir unas horas para así poder ir a la iglesia al día siguiente. No es extraño que quisiéramos ser como ellos. Eran nuestros héroes en la universidad a menos que, desde luego, podamos mirar más allá del atractivo del vómito para ver lo que sucede en realidad.

La mayoría de nosotros sabemos que esos hombres no lo captan. El amor no se trata de volumen. El amor no se trata de conquista. Cuando vivimos de ese modo, hay algo más profundo sucediendo en nuestro interior que intentamos ignorar, incluso ahogar. Estamos solos, desconectados, y faltos de amor. En lo profundo de nuestro ser sabemos que no podemos llenar el vacío en nuestra alma consumiendo a personas. No solo estamos robando a otros; estamos saqueando nuestra propia alma.

Finalmente lo entiendes: no puedes tomar amor, tienes que darlo. El amor es un regalo que no puede robarse.

Tal vez pienses que lo estás pasando en grande, pero en realidad estás desperdiciando un tiempo precioso. Lo que se siente genial a los veintidós años te deja frío a los cincuenta y cinco. Es extraño cómo las personas a quienes a menudo se describe como grandes amantes no están familiarizados con eso. Los principales íconos masculinos de la cultura occidental han sido Casanova, Don Juan y Rodolfo Valentino, y ahora son _____ [llena tú el espacio]. Ellos, entre otros, están situados en la categoría de los mejores amantes del mundo. Deberíamos considerar eso un insulto para los varones y para el amor. El amor no se trata de cuántas personas hemos usado, sino de cuánto hemos querido a una sola persona. Con el tiempo he llegado a descubrir que los que juegan al amor son quienes más miedo tienen. Tienen miedo al amor, y por eso lo convierten en un juego. Les aterra amar profundamente, y por eso hacen que todo sea superficial. Creo que en su interior se preguntan si alguna mujer podría amarlos de veras si supiera realmente quiénes son.

Si realmente creyeras que eres capaz de amar profundamente, ¿qué habría en el mundo entero que podría alejarte de eso? ¿Es que tu corazón desea amor y desea amar, pero te has conformado con mucho menos?

Después están las personas que creen en el amor, pero no creen que son dignas de él. Las encontramos pasando de una relación destructiva a otra. Lo que ellos llaman amor, cualquier persona razonable lo llamaría abuso. Es casi imposible entender por qué deciden quedarse en esas relaciones, y parece que nadie puede convencerles de lo contrario. Si te atreves a decir algo sobre su pareja, ellos son los primeros en defenderla. Son rehenes de su propia necesidad de amor. Son convertidas en víctimas porque no creen que se merecen amor, de modo que se conforman con cualquier cosa que puedan conseguir. Yo he conocido a demasiadas mujeres que han entregado su cuerpo a hombres como una solución intermedia a cambio de una mala imitación del amor.

¿Cómo se puede entender a una persona que pasa de una relación a otra, haciendo de su cuerpo el objeto del placer o el abuso de otra, excepto para reconocer la dolorosa realidad de que los seres humanos no tienen miedo casi a nada más que a estar solos?

ENTRADA 8   PERDIDO Y ABANDONADO POR EL AMOR

TODOS TENEMOS PROBLEMAS DE ABANDONO, ALGUNOS MÁS QUE OTROS. McCall entraría en la categoría del "más". La mamá de McCall abandonó a su papá cuando McCall tenía dos años, aunque sus padres nunca se casaron. Ella se crió en la tierra de Drew Carey (en Cleveland, Ohio), con una mamá alcohólica y un papá ausente. Prácticamente desde que puede recordar, batalló para entender dónde encajaba ella: una niña blanca criándose en un barrio de personas de color que estudió en una escuela judía, después en una escuela católica, y luego en una escuela cuáquera. Uno casi esperaría que ella tuviera al menos algunos problemas de identidad. Solo desde una perspectiva cultural, ella sentía que nunca se identificó con nadie.

Pero la vida era mucho más complicada que tan solo poder ir bien en la escuela. Regresar a casa no era un puerto seguro para McCall. El entorno que debe proteger a los niños se convirtió para McCall en un caldo de cultivo para el quebranto y la disfunción. Ella apenas tenía doce años cuando fue lanzada de cabeza al extremo profundo de la sexualidad. Aquello fue solo el principio de una vida de experimentación y devastación. La niñez de McCall era un currículum de sexo, drogas, mutilación, tatuajes, y un intento de suicidio: todo ello con quince años de edad. La nueva sabiduría de nuestra cultura es que la libertad sexual es mucho más saludable que cualquier guía moral. ¿Por qué sigue sorprendiéndonos que una muchacha que es sexualmente activa con catorce años, esté devastada emocionalmente cuando tiene quince?

Sin embargo, debajo de todo el dolor, de toda la confusión, de todo el ruido, McCall fue siempre consciente de que Dios le estaba llamando suavemente.

Con el mismo tipo de furia con la que participaba en todo lo demás, comenzó una búsqueda de su alma. Si ella tenía un lema, era "experimentar todo". De hecho, se describe a sí misma como un vampiro de experiencia. Como ella lo expresaba: "Chúpalo todo y déjalo seco". Por lo tanto, su viaje incluyó Wicca, yoga, meditación trascendental, tableros de ouija, cartas del tarot, e incluso cabañas de sudar chamanistas. Ah, sí, incluyamos un poco de iglesia bautista donde ella asistió ocasionalmente más adelante.

McCall se mudó a LA en 1998 y contactó por primera vez con nuestra comunidad mediante el padre de una compañera de trabajo. Ella preguntó si había algún lugar donde pudiera encontrar buena música, donde pudiera cantar y sentirse cómoda, que atendiera especialmente a los *freaks* ("chiflados") de Los Ángeles. Eso la condujo a Mosaic.

Un domingo, cuando yo no era el orador (suceden cosas grandes cuando no soy yo quien habla), un amigo maravilloso llamado Chip Anderson estaba compartiendo. Una cosa que él dijo impactó muy profundo a McCall: "Si tu alma está desconectada de su fuente, morirá". Chip explicó que fuimos creados para Dios y que no podemos, en esencia, vivir sin Él. Si conectáramos con Él, Él haría que nuestra alma estuviera plenamente viva. Incluso con su mantra de "experimentar todo", McCall supo que esa era una experiencia de la que su alma carecía desesperadamente. "Quería estar conectada con esta iglesia para así poder conectarme a mi fuente y que mi alma dejara de morir."

Tomó un poco de tiempo, pero McCall comenzó a entender lo que su alma había estado anhelando todo el tiempo.

Su alma anhelaba amor, un lugar al que pertenecer, al que estar conectada. Su alma anhelaba a Dios.

Irónicamente, fue una conversación con tres muchachas de una hermandad, que preguntaron a McCall si quería ir a almorzar, lo que la situó al límite; las tres "rubias y valientes" fueron como ella las describió. Estaba segura de que ella las asustaría; yo creo que ella era quien les tenía miedo. Me refiero a que, ¿qué da más miedo, estar tatuado o ser valiente?

McCall explicó que la más valiente de las tres le preguntó: "¿Por qué crees que Jesús te da miedo?".

"Tengo problemas de abandono", pasó a explicar McCall. "Cuando todos los que amas desaparecen, es un poco difícil lidiar con un hombre muerto en una cruz. Jesús los abandonó. No estuvo a su lado. Los abandonó. ¿Quién necesita otra relación más que no va a ninguna parte?".

Ellas le pidieron que cuando regresara a su casa tomara un tiempo y leyera el capítulo 14 del Evangelio de Juan.

Ella lo leyó una, y otra, y otra vez hasta que finalmente no estaba leyendo la Biblia, sino que la Biblia la leía a ella. Del modo en que ella lo describió, Dios comenzó a hablarle, llamándole y dándole seguridad. Todo lo que ella había hecho en su vida comenzó a aparecer ante sus ojos, cada hombre con el que se había acostado, cada droga que había consumido, cada mentira que había contado. Avergonzada, pero desesperada, se arrodilló. Y así lo dice McCall: "Acudí a Dios pensando que Él era un necio por quererme". Lo cual, sin duda, es la naturaleza del amor, ¿no es cierto?

Es maravilloso cuando tu corazón te guía a Aquel a quien más necesitas. Lo extraño sobre Dios es que Aquel a quien menos merecemos es Aquel a quien más necesitamos y Aquel que más nos desea (ahí terminan los problemas de abandono). En el centro de su historia, McCall conectó con algo que nos impulsa a todos, aunque la mayoría de nosotros no queramos admitirlo. Había algún significado tras su locura, pasando de una convocatoria del Klan (Ku Klux Klan), a una reunión de los Black Panthers (Panteras Negras), y a un encuentro en una iglesia en un club nocturno.

Como ella lo expresó: "Yo siempre buscaba un lugar que sintiera como hogar. Quería sentir que encajaba, y estaba desesperada por sentirlo".

Estoy convencido de que todos nosotros buscamos un lugar llamado hogar, un lugar donde podamos cerrar nuestros ojos y dormir, un lugar donde haya calidez y de algún modo no tengamos temor, un lugar donde nos juntemos en torno al fuego y la sala esté llena de risas y amor.

Mi esposa, Kim, se ha enamorado de la historia de *The Notebook* (Diario de una pasión). Sin revelar la trama (aunque no hace falta decir que no hay ninguna bomba, pistolas, efectos especiales, escenas de acción, batallas épicas, solamente el básico triángulo amoroso), hay una línea cerca del final que captó mi atención. Cuando le pidieron al personaje de James Garner que abandonara el centro de retiro donde su esposa tenía que vivir debido a su Alzheimer y se fuera a casa con sus nietos, su respuesta fue: *"Allie es mi hogar"*.

Después, durante uno de mis viajes, tuve la oportunidad de ver *The Constant Gardener* (El jardinero fiel), de John le Carré y, para mi sorpresa, toda la película culminaba con el mismo tema. Esta vez era Ralph Fiennes refiriéndose a Rachel Weisz, que hacía el papel de su esposa. Cuando él la perdió, perdió su hogar.

El hogar no se trata, en última instancia, de un lugar donde vivir, sino de las personas con las que estamos vivos más plenamente. El hogar se trata de amor, relación, comunidad y pertenencia, y todos vamos en busca del hogar.

El tema de una búsqueda desesperada de amor ha sido relatado poderosamente, y a veces caprichosamente, por Steven Spielberg. Con *E.T.* descubrimos a un extraterrestre en una tierra extraña que quiere desesperadamente telefonear a su casa. Creo que todos nosotros nos hemos sentido así en un momento u otro.

Años después recuerdo estar sentado en el cine AMC viendo una película de Spielberg muy diferente. Era una película iniciada por Stanley Kubrick. Cuando Kubrick falleció, Steven Spielberg intervino y la terminó. Y aunque soy un gran fan, tengo que admitir que esta película fue difícil de digerir. Quizá la has visto. Se titulaba *A.I.* (Inteligencia Artificial).

Además de las siglas para inteligencia artificial, es también la palabra japonesa para amor.

Es una historia sobre la búsqueda de pertenencia. Su contexto emocional es la dolorosa realidad del rechazo y el abandono. Es la historia de una pieza de tecnología que se vuelve demasiado humana y, una vez humana, se vuelve desesperada por amor.

El mensaje de la película era: "David tiene once años de edad. Pesa 60 libras (27 kilos). Tiene una altura de 4 pies y 6 pulgadas (1,37 metros). Tiene cabello castaño. Su amor es real, pero él no lo es".

Es humano desear amor, y como una pieza de tecnología que podría vivir para siempre, ese anhelo de amor existirá mientras nosotros existamos.

Eso, desde luego, es una parte del dilema humano: mientras respiremos, anhelaremos amor. Mientras podamos dar un paso más, buscaremos un lugar llamado hogar. Y a veces, como McCall, viajaremos hasta lugares lejanos y extraños para encontrar aquello que puede que esté más cerca de lo que podríamos imaginar nunca.

A. I. fue como ver dos horas de abuso infantil. David hizo todo lo que pudo para ser amado. En un momento en la película, cuando inconscientemente se había dañado a sí mismo y vio que estaba roto, rogó a su padre sustituto que lo perdonara.

Quizá porque estaba roto es que no podía ser amado. Él lo sentía tanto que se estropeó a sí mismo. No veo cómo él es distinto de nosotros.

ENTRADA 9   LA NATURALEZA ELUSIVA DEL AMOR

ALGUNOS DE NOSOTROS COMENZAMOS CON DIOS A TEMPRANA EDAD Y nos alejamos, buscando lo que nuestro corazón anhela. Como *El Alquimista*, de Paulo Coelho, nuestro largo viaje nos llevará de regreso a donde comenzamos, pero regresamos como personas cambiadas con ojos nuevos para ver aquello a lo que antes éramos ciegos. Me encuentro con muchas personas que están huyendo de Dios, enojadas con Dios, y sin embargo al mismo tiempo lo buscan desesperadamente. Si Dios es amor, es enloquecedor cuando estamos huyendo de Dios y aun así buscamos amor.

Es como cuando Kim y yo éramos novios. Era a la vez maravilloso y volátil. Discutíamos todo el tiempo. Parecía que mientras más comprometido estaba yo, más conflicto teníamos. Algunas personas tienen relaciones de noviazgo tranquilas y un compromiso emocionante, y después un primer año de matrimonio turbulento. Nosotros lo hicimos al contrario. Tuvimos un primer año de matrimonio estupendo. Nunca podríamos haber pronosticado eso a juzgar por cómo fueron las cosas hasta llegar a la boda. Durante un tiempo, parecía que ella buscaba peleas a propósito. Yo no estaba seguro de si era paranoia o si ella estaba haciendo todo lo posible para hacer que me alejara de su vida.

Recuerdo que finalmente la confronté y le pregunté qué estaba sucediendo. Cuando ella comenzó a abrir su corazón, yo empecé a entender realmente. Kim era huérfana, tenía inmensos problemas de abandono. Abandonada por sus padres a los ocho años de edad, se crió en un hogar de acogida. Estaba segura de que yo haría lo mismo; finalmente yo recobraría la sensatez y abandonaría la relación. Ella sabía que no era posible para mí amarle incondicionalmente, y estaba determinada a demostrarlo.

A veces lo que más queremos es lo que más tememos.

Cuando se trata de amor, con frecuencia nosotros mismos somos nuestros peores enemigos. Cuando nos han herido en el pasado, cuando sentimos que el amor nos ha traicionado, fácilmente podemos convertirnos en enemigos del amor. Para ver si es real, hacemos todo lo que podemos para destruirlo. Nos decimos a nosotros mismos que lo estamos probando, pero en realidad lo estamos resistiendo.

Recuerdo que una vez Kim me preguntó por qué la amaba, y yo cometí el error de intentar declarar mi amor incondicional por ella.

"No te amo por una buena razón". Yo intentaba ser como Dios.

Como podrías imaginar, aquello no salió tan bien.

"Entonces, ¿no hay ninguna buena razón para amarme? ¿No hay nada en mí que sea digno de amar?".

Llámame intuitivo, pero yo sabía que de algún modo ella no me había entendido bien o yo no me había comunicado bien. Había muchas cosas que yo amaba de Kim, y con los años aprendí que todos, en realidad, estamos mucho más cómodos con el amor condicional que con el amor incondicional. "Te amo porque eres inteligente y talentosa; tienes unos ojos azules hermosos; eres increíblemente creativa; tienes una personalidad asombrosa; eres apasionada, solícita…". (¿Ves lo mucho que he aprendido, cariño?).

La verdad del asunto es que estamos incómodos con Dios. Estamos desorientados por el modo en que Él nos ama.

Queremos que Dios nos ame por un número interminable de buenas razones.

Al mismo tiempo, nos encontramos nerviosos delante de Él porque Él ve nuestro interior y conoce todo lo que no es digno de amar. Nos dice que Él es nuestro lugar de reposo, aceptación y amor incondicional, y sin embargo no podemos reconciliar este amor. Sabemos quiénes somos. Sabemos todo lo que no es digno de amar en nuestro interior. Nos preguntamos cómo nos hemos vuelto dignos de tal amor, y eso es lo que nos preocupa: sabemos que no lo somos; por lo tanto, huimos. Huimos de Dios porque Él nos conoce profundamente; huimos de Dios para escapar a nuestra propia sensación de indignidad; huimos de Dios porque estamos seguros de que mientras más nos acerquemos a Él, más culpables y avergonzados nos sentiremos.

> Es demasiado difícil creer que si te acercas a Dios, te encontrarás no ahogándote en condenación, sino nadando en compasión.
>
> Jesús llamó a todos los que estaban cansados y agotados en su alma a acudir a Él y encontrar reposo. Él nos dice que Dios será para nosotros nuestro lugar llamado hogar.
>
> Huimos de Dios porque anhelamos ser amados y nos hemos convencido a nosotros mismos de que Aquel que es más amoroso no podría y no querría aceptarnos.
>
> Huimos de Aquel que es el único que anhela nuestra alma.

ES UNA LOCURA HUIR DE DIOS Y BUSCAR AMOR.

Al menos a nivel inconsciente, una parte de nuestra lucha con Dios es nuestra incomodidad con el amor. Parece que a pesar de cuán hermosos o queridos seamos, siempre hay algo en nuestro interior que se mantiene inseguro. Todos nosotros nos encontramos inseguros cuando se trata del amor. No tenemos una experiencia real de amor incondicional, y no hace falta decir que el amor condicional siempre nos deja carentes. Pero al menos con el amor condicional tenemos cierto control sobre la situación. La desventaja es que cuando no cumplimos con las condiciones, incumplimos con el amor.

¡El amor inmortal tiene una historia de muerte prematura!

HABLAMOS DE AMOR VERDADERO QUE NO SOLO DURA TODA UNA VIDA, SINO que perdura para siempre. Para siempre parece tener un comienzo y un final claros. Al final no podemos lograr cumplir con los estándares del amor, y por eso sencillamente aceptamos que el amor no es todo lo que había de ser. Nos preparamos para quedar decepcionados. ¿No es esa la historia del amor? Nunca podemos vivir a la altura de sus estándares. Creo que reconocemos esto cuando se trata de Dios. Si Dios ama condicionalmente, estamos en problemas. Y esto, cuando lo reducimos a lo fundamental, es la base de toda religión.

Dios nos ama, pero con condiciones. Cumplamos las condiciones y obtendremos el amor. El amor es algo que se obtiene. Ah, utilizamos diferentes palabras para ello, como *perdón, misericordia, aceptación* o *gracia*, todas ellas palabras realmente distintas para amor.

En esto parece que todas las religiones son iguales. Ponen un nombre a Dios y después establecen las reglas que deben seguirse si queremos obtener su favor y su afecto. Yo creo que esta es la razón por la cual muchos de nosotros consideramos que todas las religiones son diferentes maneras de llegar a lo mismo.

Algunas muchachas quieren flores; otras quieren chocolate; otras, una conversación significativa (y pensabas que las flores y los chocolates eran caros); todas ellas con diferentes maneras de intentar llegar al mismo lugar: ser amadas, encontrar amor. Por lo tanto, algunas personas oran cinco veces al día mirando al oriente; otras oran con rosarios; hay otras que llevan ofrendas, encienden velas y memorizan mantras; todo con el mismo propósito: obtener aceptación de su Creador.

Es realmente absurdo pensar que cualquier religión de algún modo podrá llevarte hasta Dios.

Es como estar enamorado de una persona que no tiene interés alguno en ti. A esa persona le gustan tus avances solamente porque le hacen sentirse importante, pero en realidad no tiene ninguna motivación para seguirte. Todo es unilateral. A esa persona le gusta ser perseguida, y por eso tu deseo solamente le inspira a ser más elusiva. Tienes que admitir que si la premisa de la religión es válida (si hacemos esto, entonces Dios nos aceptará), esta es una descripción más precisa de Dios: Él es sencillamente un ser divino realmente bien parecido, engreído y arrogante al que le encanta ser el objeto de todo nuestro afecto.

Cuando se relaciona con Dios, lo llamamos amor unilateral, el cual, con el tiempo, se vuelve contextualizado como una experiencia que llamamos adoración. Si pensaras en ello el tiempo suficiente, realmente te haría enfermar. Si tuvieras un amigo o cualquier persona que te importara en ese tipo de relación unilateral, harías todo lo que estuviera en tu poder para convencerlo de que la dejara. Pero tenemos tantos deseos de ser amados que nos permitimos a nosotros mismos ser forzados y degradados solamente por la posibilidad de ser amados algún día.

Yo soy acusado a menudo de ser irreligioso, y supongo que es precisamente por esta razón. Ya sea cristianismo, islam, budismo, catolicismo, hinduismo, judaísmo, o cualquier otro *ismo*, cuando una religión está creada sobre la sutil premisa de que Dios retira su amor y que debemos someternos al sistema para ganarnos ese amor, yo lo considero la peor de las corrupciones.

Pero, desde luego, estas trampas funcionan solamente debido a dos cosas: anhelamos amor, y estamos convencidos de que todo el amor es condicional.

Irónicamente, es aquí donde muchos tienen un problema con Jesús. Durante siglos la Iglesia nos ha estado diciendo que si queremos que Dios nos ame, tenemos que seguir las reglas. Ha sido mucho más importante enfocarnos en el problema del pecado que en el problema del amor. Esta es la única manera en que la institución puede mantener control sobre nuestras vidas; después de todo, si el amor es incondicional, ¿qué los mantendrá cumpliendo nuestras reglas? ¿Es que no queremos que las personas, en primer lugar, y sobre todo, sean buenas? Si nuestra meta es conseguir que las personas se conformen, podemos lograr eso sin amor, pero no se puede mantener una civilización sin el estado de derecho.

Lo que los gobiernos no siempre han sido capaces de hacer, las religiones lo han logrado con una eficacia asombrosa. Ellas mantienen en fila a las personas.

Pero ¿qué sucedería si las personas realmente comenzaran a descubrir el mensaje real de Jesucristo, que el amor es incondicional? ¿Qué sucedería si comenzáramos a entender que Dios, de hecho, no estaba esperando que nos ganemos su amor, sino que Él nos buscaba apasionadamente con su amor? ¿Qué sucedería si se difundiera la noticia de que Jesús estaba ofreciendo su amor gratuitamente y sin condición?

¿Habría alguien que realmente decidiera ser un esclavo del ritual y el legalismo cuando podría tener una relación y amor? La respuesta, desgraciadamente, es sí. La razón por la que funciona la religión es que creemos en el amor condicional y dudamos de la existencia del amor incondicional.

Yo no tengo duda de que hay muchos de nosotros que nos hemos encontrado con líderes religiosos, líderes de iglesias, quienes hablaban en nombre de Dios y han tomado a Dios como rehén. Era nuestra responsabilidad elevar el rescate para liberar su amor. Hay demasiadas personas que están siendo engañadas para que crean que si dan dinero suficiente, desatarán y recibirán todo lo que Dios les ha estado reteniendo.

Algunos de nosotros hemos recuperado la cordura y hemos entendido que hemos sido tomados.

Cualquier tipo de amor que puedas comprar, no es el amor que tu alma anhela. Si tienes que comprar el amor, ni siquiera vale la pena el precio. Sé que muchos de nosotros miramos Mateo, Marcos, Lucas y Juan para obtener nuestra sabiduría espiritual, pero en este caso John, Paul, George y Ringo lo entendieron: *no puedes comprarme amor (Can't buy me love)*.

Por lo tanto, de nuevo estamos cara a cara con un dilema: no podemos ganarnos el amor, no podemos comprar amor, y no podemos vivir sin él.

Sabemos en lo profundo de nuestras entrañas que si el amor es condicional, realmente no puede ser amor en absoluto. También sabemos que si el amor es incondicional, nosotros no somos ni las fuentes ni los instigadores de tal amor, lo cual vuelve a ser una parte de nuestro conflicto. Queremos lo que no damos. Anhelamos lo que parecemos incapaces de producir.

De todos modos, ¿de dónde viene el concepto de amor incondicional? ¿Cómo podemos sostener un ideal tan elevado cuando vivimos tan lejos de él? ¿Acaso creer en el amor incondicional encaja bastante en la misma categoría de creer en los extraterrestres? Verás, ellos podrían existir, solo que nunca hemos visto a uno. También me gustaría pensar que están ahí fuera, pero de nuevo, eso no es probable. Bastante parecido al amor; me refiero al amor real. No la imitación y la versión homogeneizada; no el deseo, el romance, o cualquier otra cosa y todo lo demás que hemos catalogado como amor.

Si el amor es una emoción tan profunda, ¿por qué es que amamos todo y cualquier cosa?

Holly, que trabaja conmigo en mis manuscritos, si estuviera situada bajo una luz caliente confesaría que ama el chocolate.

Yo amo los capuchinos muy calientes; bueno, en realidad eso podría no ser amor, sino tal vez algo más parecido a una adicción.

Somos una cultura de grandes amantes.

Amamos las buenas películas.

Amamos el helado.

Amamos a nuestras mascotas.

Amamos los días lluviosos en Los Ángeles.

Amamos los días soleados en Seattle.

Amamos ir de compras.

Amamos las buenas comidas.

Amamos los fines de semana.

Amamos el *rock and roll*.

Los franceses aman su vino; los alemanes aman sus autos; los suizos aman sus relojes (y Holly me recuerda que también su chocolate); los italianos aman su café con leche y su pasta; los chinos aman su feng shui; los japoneses aman su sushi; los brasileños aman, bueno, casi todo.

Tal vez el hecho de que amamos incluso las cosas menos significativas nos dice más sobre nuestra capacidad de amar de lo que pensamos.

Lo que hemos descrito como amor se ha convertido en algo muy superficial, algo tan delgado y sin sustancia, que casi cualquier cosa se califica como amor. Si realmente conociéramos el amor, si conociéramos el amor profundo e interminable, tal vez no amaríamos el chocolate. Aunque estoy seguro de que Dios aprecia todas estas cosas (después de todo, Él es el creador de todo lo bueno y perfecto), la creación no es el objeto de su afecto. Cuando se trata de amor, tú existes en una categoría única. Hay muchas cosas que son desechables para Dios. Él puede recrear cualquier cosa que quiera. Sin embargo, tú no estás en esa lista. Tú eres único e insustituible.

Tú eres el objeto del amor de Dios.

En el sensual Cantar de los Cantares de Salomón, él describe a una amante que persigue a la persona que ha ganado su corazón. Capta la desesperanza que uno siente en esta búsqueda desesperada de amor.

> Por las noches, sobre mi lecho,
> busco al amor de mi vida;
> lo busco y no lo hallo.
> Me levanto, y voy por la ciudad,
> por sus calles y mercados,
> buscando al amor de mi vida.
> ¡Lo busco y no lo hallo!
> Me encuentran los centinelas
> mientras rondan la ciudad.
> Les pregunto:
> «¿Han visto ustedes al amor de mi vida?».[1]

Salomón está describiendo la desesperación que llega cuando parecemos incapaces de capturar el corazón de aquel a quien amamos. Me pregunto si alguna vez se nos ocurre que Dios siente eso mismo. Pero si el amor de Dios es inmensurable e interminable, como lo describe Hebreos, cuán profundo debe ser su sentimiento de tristeza y rechazo. Si alguien conoce el dolor de un amor no correspondido, debe ser Dios.

---

1. Cantares 3: 1-3.

PERSEGUIDO POR EL AMOR (POR FAVOR, NO
CORRAS DEMASIADO RÁPIDO)

EN MI LIBRO *CHASING DAYLIGHT* (PERSIGUIENDO LA LUZ DEL DÍA) DESCRIBO
una ocasión en que un equipo de nosotros estábamos en el Oriente
Medio. Me habían invitado a hablar a un grupo de musulmanes,
concretamente sobre la historia del cristianismo. Presionado por
mi traductor para que respondiera una pregunta que en cierto
modo yo había evadido, me quedé sin lugar a donde ir sino hablar
más específicamente y personalmente de Jesús. Les había estado
describiendo mi propia sensación de decepción e incluso menos-
precio de la religión del cristianismo. Todos ellos estuvieron de
acuerdo rápidamente en que, como religión, había profundos problemas e incoherencias entre creencias y prácticas.

Pero eventualmente quisieron saber cuál era exactamente el significado que había tras la venida de Jesús. Con un poco de apren-
sión, comencé mi mejor esfuerzo para trasladar a un contexto del
Oriente Medio la historia de Jesús (después de todo, esta era la
tierra natal de Jesús) y, más específicamente, por qué fue necesario
que Dios se hiciera humano. Esta, desde mi punto de vista aven-
tajado, era la historia de Dios. Es una historia de amor, dicho sea
de paso.

"Una vez conocí a una muchacha llamada Kim".

Mi traductor me miró con confusión. Yo estaba seguro de que se
estaba estrujando el cerebro, intentando recordar algún personaje

bíblico llamado Kim. Dejó de traducir y se me quedó mirando. Yo le alenté a que sencillamente tradujera.

"Una vez conocí a una muchacha llamada Kim, y me enamoré".

Continué: *"La perseguí y perseguí con mi amor hasta que sentí que mi amor había capturado su corazón. Por lo tanto, le pedí que fuera mi esposa, y ella no dijo sí".* Podía sentir su empatía, si no su lástima.

"No me rendí y volví a pedírselo, persiguiéndola con amor, y la perseguí con mi amor hasta que ella dijo sí".

Hubo un gran alivio en toda la sala.

Continué: *"No envié a mi hermano, ni tampoco envié a un amigo. Porque en los asuntos del amor, debes ir tú mismo.*

"Esta es la historia de Dios: Él te persigue y persigue con su amor, y quizá tú no has dicho sí. E incluso si rechazas su amor, Él te sigue persiguiendo. No era suficiente con enviar a un ángel, a un profeta o a cualquier otro, porque en asuntos de amor, debes ir tú mismo. Y por eso Dios ha venido.

"Esta es la historia de Jesús, que Dios ha caminado entre nosotros y nos persigue con su amor. Él está muy familiarizado con el rechazo, pero no se rinde. Y Él está aquí, incluso ahora, persiguiéndote con su amor".

Las imágenes que recibimos a menudo de los musulmanes es que son personas enojadas, hostiles y violentas. Puedo decirte que en ese momento supe que había algo trascendente que conectaba todos nuestros corazones y almas. Una creencia que se suponía que nos dividía nos unió extrañamente, y sentí la seguridad de saber por qué. Todo ser humano anhela amor. La posibilidad de que Dios sea amor es una perspectiva casi abrumadora.

En ese momento, la historia de Jesús no se trataba de quién tiene razón y quién está equivocado, qué nombre tiene Dios y quién es su profeta, sino de cuál es exactamente la motivación de Dios hacia la humanidad. Si el mensaje que Dios quiere comunicarnos se trata de que nuestras creencias sean correctas, entonces no tenía por qué venir Él mismo. Si toda la intención de Dios era aclarar lo correcto y lo incorrecto, no era necesaria una visitación personal. Si el fin supremo era simplemente abrumarnos con lo milagroso para que finalmente creyéramos, entonces incluso que Dios adoptara carne y sangre humana y caminara entre nosotros estaba lejos de lo necesario.

Hay una sola razón por la que Dios vino Él mismo: porque en asuntos de amor, no puedes tener a otra persona en tu lugar.

Cuando se trata de amor, tiene que ser cara a cara. Tiene que haber contacto. El amor no puede existir cuando solamente hay distancia. El amor puede sobrevivir a la distancia, pero solamente por la fortaleza de lo que llega mediante la intimidad.

Igual que la amante de Salomón, Dios recorre arriba y abajo las calles de la ciudad, recorriendo las sendas más oscuras y el desierto más indomable, caminando por senderos sin nombre en los lugares más desolados, en busca de aquel a quien ama, y esa persona somos tú y yo, y cada ser humano que haya caminado jamás en esta tierra, haya respirado y haya deseado amor.

La religión existe no porque Dios ame demasiado poco, sino porque necesitamos mucho el amor. Al final, todas las religiones representan mal a Dios. O bien dictan requisitos para el amor, o simplemente se convierten en un réquiem por el amor. Yo creo que muchos de nosotros hemos dado la espalda a Dios legítimamente tan solo sobre esta base. Nos han dicho que Dios es un amante renuente y que debemos cumplir sus normas antes de que pueda hablarse de amor. Esto es demencia. El amor existe porque Dios es amor. Nuestras almas nunca encontrarán satisfacción hasta que nuestros corazones hayan encontrado este amor que anhelamos desesperadamente.

Dios no es pasivo, porque el amor nunca es pasivo sino siempre apasionado; y la pasión conduce siempre a la acción.

¿ALGUNA VEZ ALGUIEN TE HA INTERESADO TANTO QUE HARÍAS CUALQUIER cosa para demostrar tu amor por esa persona? ¿Has estado alguna vez tan enamorado que darías tu vida para proteger a esa persona del peligro? Que Dios pudiera sentirse así en cierto modo parece eludirnos. Una pequeña vislumbre de esto vino a mí de la manera más improbable.

He pasado mi vida viviendo en ciudades, desde San Salvador, Miami, Queens, Raleigh, Dallas, Los Ángeles, y varias otras entremedio, Me siento totalmente en casa con las farolas de las calles, los rascacielos, y el tráfico en la hora pico. Me siento totalmente tranquilo moviéndome al ritmo del asfalto.

Después de una década en LA, las cosas finalmente se acomodaron para que pudiéramos comprar una casa. Durante nuestra primera primavera nos adoptaron un par de ánades reales. Evidentemente pensaban que nuestra piscina era un lago, o que realmente se parecía más a un estanque o a un charco. En cualquier caso, decidieron convertirlo en su hogar primaveral. Lo siguiente que supimos fue que habían construido un nido y estaba lleno de huevos. Para nuestra sorpresa, un día nos despertamos con casi una decena de polluelos de ánade nadando en nuestra piscina. El ánade macho estuvo allí cada día hasta que los polluelos salieron del cascarón. Cuando nacieron, voló del gallinero. No era otra cosa sino un pato holgazán. Mis hijos estaban emocionados, y rápidamente los adoptaron como propios.

Nunca se nos han dado bien las mascotas. Lo hemos intentado casi con todas, y siempre parece que al final se alejan. Esta vez sucedió exactamente lo contrario; no podíamos librarnos de ellas, así que se apoderaron de nuestro patio trasero, y fuimos los gerentes a regañadientes de un campamento. Les dimos libertad completa en la piscina y el patio. Esperábamos disfrutar de la experiencia de verlos crecer y después que algún día se fueran volando.

Lo que no sabíamos es que estábamos a punto de entrar en nuestra propia pesadilla personal.

Uno a uno, observamos a aquellos pequeños patitos siendo cazados y eliminados. Desde gatos, zorrillos y hasta cuervos, nuestro patio estaba abierto para la temporada del pato. Para decirlo con suavidad, aquello era una jungla. Hicimos todo lo posible para salvar sus vidas. Observamos al ánade hembra enfrentar una noche tras otra sin dormir. En una ocasión incluso tuve la mala fortuna de ver descender a un cuervo, agarrar a uno de los polluelos, y alejarse volando mientras su mamá lo perseguía inútilmente. Fue más de lo que yo podía soportar. Me había mudado de la ciudad para evitar este tipo de violencia, y pronto me encontré teniendo pesadillas. Lo único que podía pensar era cómo salvar a los polluelos que quedaban. Pasaba tiempo en el patio intentando mantener alejados a los cuervos. Cada par de días descubría que había desaparecido otro más.

Una vez me desperté en mitad de la noche respirando con dificultad, con el corazón latiendo con fuerza. Me encontré dando un salto de la cama y gritando: "¿Han oído el graznido?". Kim, que se había criado en el campo, dormía profundamente hasta que el ataque de pánico la despertó. Ella intentó calmarme y alentarme a que volviera a dormir. Mientras estaba tumbado en la cama, perseguido por lo que yo pensaba que eran las implicaciones de los sonidos que había escuchado, me encontré manteniendo una conversación totalmente diferente.

Dios intervino en mi cerebro y me permitió ver algo (no, más precisamente *sentir* algo) desde su perspectiva.

Sé que todo estaba en mi cabeza, pero fue como si pudiera escuchar a Dios gritando: *"¿Sabes cómo te sientes por ese patito? La angustia que estás sintiendo en este momento, es así como yo me sentí por cada ser humano que camina sobre la faz de esta tierra. Si pudieras preocuparte por las personas del mismo modo en que te preocupas en este momento por ese ánade, te haría ser una persona diferente. Conocerías el corazón de Dios".*

El mundo está lleno de cuervos, ánades reales y patitos. Hay cuervos que descienden sobre niñas indefensas en Tailandia y las roban para convertirlas en prostitutas infantiles; hay cuervos que utilizan un sistema de castas para mantener a millones de personas oprimidas y en la pobreza en India; hay cuervos en el sacerdocio que se ocultan detrás de sus vestiduras mientras abusan de niños. Ya no me sorprende que un grupo de cuervos se denomine un "asesino". Y es así como Jesús describe al maligno. Su resumen de la realidad espiritual en la cual vivimos es bastante sencilla: ***"El ladrón no viene más que a robar, matar y destruir; yo he venido para que tengan vida, y la tengan en abundancia".***[2]

---

2. Juan 10:10.

¿SER AMADO HASTA LA MUERTE?

UN AMIGO MÍO LLAMADO RONALD LÓPEZ HA ESTADO VIVIENDO EN ESTAMBUL durante los últimos años trabajando entre artistas musulmanes, y recientemente ha publicado su primer libro: *Does Religion Kill?* (¿Mata la religión?)

La respuesta implícita es, sin duda, sí.

Enfáticamente, sí.

Trágicamente, sí.

Demasiadas veces los cuervos que han descendido van vestidos con los mantos de la religión. No es que estén atormentando a los inocentes, ya que nuestra sensación de indefensión es que sabemos que no somos inocentes, pero sí atormentan a los indefensos. ¿Cómo podríamos imaginar alguna vez que Dios sería amigo de los quebrantados, los marginados y los culpables? A causa de la religión hemos huido de Dios cuando, de hecho, Él ha sido el único que está listo para salir en nuestra defensa.

Hubo un momento en la vida de Jesús en el que una mujer anónima fue rodeada por los cuervos.

> *Pero Jesús se fue al monte de los Olivos. Al amanecer se presentó de nuevo en el templo. Todas las personas se le acercaron, y él se sentó a enseñarles. Los maestros de la ley y los fariseos llevaron entonces a una mujer sorprendida en adulterio, y poniéndola en medio del grupo le dijeron a Jesús:*

—Maestro, a esta mujer se le ha sorprendido en el acto mismo de adulterio. En la ley Moisés nos ordenó apedrear a tales mujeres. ¿Tú qué dices?

Con esta pregunta le estaban tendiendo una trampa, para tener de qué acusarlo. Pero Jesús se inclinó y con el dedo comenzó a escribir en el suelo. Y, como ellos lo acosaban a preguntas, Jesús se incorporó y les dijo:

—Aquel de ustedes que esté libre de pecado, que tire la primera piedra.

E inclinándose de nuevo, siguió escribiendo en el suelo. Al oír esto, se fueron retirando uno tras otro, comenzando por los más viejos, hasta dejar a Jesús solo con la mujer, que aún seguía allí. Entonces él se incorporó y le preguntó:

—Mujer, ¿dónde están? ¿Ya nadie te condena?

—Nadie, Señor.

—Tampoco yo te condeno. Ahora vete, y no vuelvas a pecar.[3]

Si quienes son la élite religiosa están más cerca de Dios, ¿a qué se debe que tan pocas veces estén más cerca del amor?

Si Dios es amor, quienes mejor conocen a Dios amarían más a las personas. Jesús dijo que Él vino no para condenar al mundo, sino para dar vida al mundo. ¿A qué se debe que tantos que lo representan sean siempre tan rápidos para condenar? Todos sus acusadores podían ver que era una mujer culpable de adulterio. Siempre hay mucho más tras estas historias: una mujer abusada por su esposo buscando amor; una muchacha abusada por un familiar, que confundirá para siempre amor y sexo; una prostituta que vendía el amor por un precio, pero no tenía nada que dar.

Si el encuentro de Jesús con esta mujer adúltera sin nombre nos dice algo, revela la verdad inesperada de que el lugar más seguro

---

3. Juan 8: 1-11.

donde puede ir una persona pecadora es Dios. Él y solamente Él es quien no nos condenará ni nos dejará en nuestro quebranto. En el Monte de los Olivos ella se encontró más sola y descubrió lo inimaginable: Dios la quería. Dios era su lugar donde pertenecer, y esta realidad se convirtió en el comienzo de cosas nuevas. Eso quizá sea lo más poderoso sobre el amor. El amor nos da un nuevo comienzo. El amor nos da una razón para vivir.

Cuando la vida no es lo que debería ser, el amor nos da la fuerza para soportar cualquier cosa que pueda llegar.

Nichole se crió en un entorno destructivo. Su mamá tenía dieciséis años y su papá diecisiete cuando ella nació. Era una niña que nació de dos niños. Su papá era un drogadicto que abusaba físicamente de su mamá. Sus recuerdos de la niñez están llenos del número interminable de mujeres que su padre llevaba a casa, y las muchas noches en las que ella encontraba a su mamá en la cama con distintos hombres. Su niñez estuvo marcada por el entorno sexualmente violento en el que en numerosas ocasiones su mamá era violada en grupo por los amigos de su papá.

Cuando tenía ocho años, Nichole se mudó de la locura de Los Ángeles a lo que alguien esperaría que fuera un entorno seguro en Oklahoma para vivir con su bisabuela, pero fue allí donde su bisabuelo abusó de ella. Cada relación en su vida que se suponía que prometía su seguridad y protección, le causó solamente dolor y confusión. Un año después fue enviada de regreso a vivir con su mamá, que había vuelto a casarse. Regresó a la confusión familiar, y ahora tenía la responsabilidad añadida de criar a sus tres hermanos. Ella tenía que criarse a sí misma mientras los criaba a ellos.

A veces es difícil entender por qué el amor duele tanto.

Cuando Nichole estaba en segundo año de secundaria, estaba decidida a irse de casa, pero se quedó como respuesta a los ruegos de su mamá. Su mamá no se había ganado su amor, pero el amor simplemente no funciona de ese modo. A veces, para perjuicio propio, el amor puede ser irracional. Fue durante este periodo cuando Nichole se hizo amiga de un muchacho llamado Mark. Su amistad profundizó a medida que ella se apegaba más no solo a Mark, sino también a su familia. En raras ocasiones se le permitía escapar del entorno oscuro de su propia familia, pero siempre que era posible atesoraba la calma del hogar de Mark. Había algo diferente en su familia. Era una familia que funcionaba. Había comunidad real, amor real. No era perfecta, pero era sincera, era saludable, y era sanadora.

Nichole estaba experimentando por primera vez el tipo de comunidad que Jesús desea crear para todos nosotros.

Ella escribe: "Su hogar y su iglesia para mí eran un lugar seguro. Eran el único lugar donde me sentía bien. Me encantaba ir a la iglesia con ellos, y en cualquier oportunidad que tenía de escaparme, ese era el primer lugar a donde huía".

Muchas veces la iglesia se ve como un lugar que carece de comunidad genuina y auténtica, pero esta vez era diferente. Nichole encontró lo que su alma anhelaba. Se fue de su casa a los dieciocho años sin estar preparada para los retos que había por delante. Igual que en el mundo del que provenía, ahora se encontró ahogándose en el abismo de las drogas, el alcohol y el sexo.

"Fue un periodo oscuro para mí hasta que Dios puso en mi vida a una mujer asombrosa: Marisol… Ella invirtió en mí, y mediante ese proceso me involucré cada vez más, y sentía que pertenecía y que tenía una familia, y Dios comenzó a trabajar en todas las partes feas de mi vida. Aún lo sigue haciendo. Ahora veo la mano de Dios en mi vida. Dios me ha sacado de muchas cosas y me ha guardado de mucho para darme incluso más".

Pasarás tu vida superando relaciones e intentando entender tu necesidad de amor, tus errores en el amor, tu desesperación por el amor, y todo el tiempo podrías pasar por alto las señales que te está dando tu corazón: que estás buscando a Dios.

Nos necesitamos los unos a los otros; necesitamos a las personas; necesitamos una comunidad; necesitamos relación; necesitamos a Dios.

Todos estamos interconectados, y discurre en ambas direcciones. Intentamos llenar nuestro vacío de Dios con personas, y nos encontramos frustrados y vacíos.

Cuando acudimos a Dios, descubrimos que nuestro corazón se abre a las personas, y descubrimos nuestra necesidad de tenerlos más que nunca antes.

ENTRADA 14   UN VACÍO DE AMOR

A NUESTRA PROPIA MANERA, TODOS INTENTAMOS ENCONTRAR NUESTRA tribu. Cuando le preguntaron a Jesús cuál era el mandamiento más importante, su respuesta fue sencilla y clara: "Has de amar a Dios con todo tu corazón, toda tu alma, toda tu mente y todas tus fuerzas". Y entonces, añadió: "Y has de amar a tu prójimo como a ti mismo".[4]

Parece que Jesús sencillamente no podía limitarse a un solo mandamiento, sino que les dio dos a quienes preguntaron. Quizá se deba a que Él no podía separar el efecto que tendría conectar con Dios sobre nuestra relación con las personas. En realidad, Jesús está diciendo que lo más importante para Dios es el amor. Parece que el amor tiene dos lugares donde se desarrolla: en nuestra relación con Dios y en nuestra relación con las personas. Lo que está en el corazón de Dios no es una lista de reglas o mandamientos, sino la expansión del amor… Lo único que Dios quiere para nosotros en esto, es que vivamos con relaciones saludables y amorosas.

A primera vista esto podría parecer bastante fácil, y sin embargo la experiencia en la vida nos dice que quizá sea la tarea más difícil a la que hayamos sido llamados jamás, razón por la cual el orden del gran mandamiento no es incidental, sino absolutamente crítico. Cuando vivimos en una relación íntima con Dios, somos capaces de amarnos a nosotros mismos y volvernos apasionados acerca de

---

4. Ver Mateo 22: 37, 39.

amar a los demás. Cuando nos desconectamos de Dios, nos encontramos cada vez más vacíos de amor.

Parece que Jesús está seguro de que mientras más amemos a Dios, mas amaremos a las personas.

La vida de Nichole no es la historia de una persona viajando en aislamiento. Su búsqueda, como la de muchos de nosotros, es una búsqueda de pertenencia. Su historia comenzó con una comprensión dolorosa de que aquellos que habían de amarnos son quienes más a menudo nos hacen daño. El lado oscuro de la comunidad humana puede dirigirnos a darle la espalda a Dios o a reconocer que Él es exactamente lo que más necesitamos. Cuando las personas nos dañan, culpamos a Dios. Nos preguntamos por qué Dios permite que sucedan cosas tan horribles.

Concluimos erróneamente que Dios es indiferente a nuestro dolor y sufrimiento. Muchos de nosotros renunciamos al amor porque quienes habían de amarnos nunca lo demostraron.

Después de todo, sabemos instintivamente que quienes están más cerca de nosotros son quienes han de amarnos más. Anoche estaba sentado y escuchando a una madre describir cuánto odiaba a su hija. La hija no dijo ni una sola palabra, simplemente estaba sentada en silencio. Las dos sabían que no es así como Dios quería que viviéramos la vida. No es necesario ser un genio para saber que una madre ha de amar a su hija; que un padre ha de amar a su hijo; que los hijos han de nacer en un mundo de padres y madres cariñosos que aman a sus hijos como si hubieran recibido el regalo más extraordinario del mundo. Si necesitas evidencias de que algo está quebrantado en el espíritu humano, sencillamente mira aquí atentamente. Hay algo erróneo en nosotros cuando no podemos amar incluso a quienes son de nuestra carne y sangre.

Hay algo desesperadamente erróneo en nosotros cuando nos encontramos experimentando animosidad, o indiferencia en el mejor de los casos, hacia aquellos con quienes deberíamos compartir intimidad.

Sin embargo, muchos de nosotros crecemos en un vacío de amor, y no es necesario que sea un espacio abusivo para que sea cierto. Conozco a demasiadas personas que se han criado con unos padres responsables que eran totalmente indiferentes. Algunos de los adultos que lo pasan peor con el amor son aquellos que recibieron todo lo que querían cuando eran niños, excepto amor. No hay sustituto para la calidez, el afecto y la intimidad. La verdad es que fuimos diseñados para la relación, y cuando nuestras relaciones no funcionan, eso afecta el modo en que vemos a Dios, cómo nos relacionamos con Dios, e incluso si creeremos en Él.

Nacemos para pertenecer, somos creados para la conexión, y lo admitamos o no ante nosotros mismos, pasamos toda nuestra vida intentando encajar, pertenecer y permanecer. Casi ni siquiera importa dónde sea; sencillamente queremos pertenecer a algún lugar.

ENTRADA 15   ¿A DÓNDE PERTENEZCO?

SOMOS UN MUNDO EN EL QUE A TODOS NOS GUSTA PERTENECER A UN GRUPO. Incluso los lobos solitarios parecen correr en grupo. Parte del trauma de la secundaria es intentar descubrir a qué bando pertenecemos. Están los raros, los genios, los deportistas, los ratones de biblioteca, los vándalos, los rebeldes y también, desde luego, los invisibles. A mí me gustaban realmente los raros, pero sencillamente no podía ver un futuro en mezclar ácidos. Debías tener un promedio de calificaciones altas para entrar en los genios, así que yo estaba descalificado. Participaba con los deportistas, pero mi hermano era el defensa estrella en el equipo de fútbol americano. ¿Quién quiere ser parte de la tribu en la que tu hermano es jefe? No es necesario explicar por qué yo no quería unirme a los ratones de biblioteca. En realidad, de todos modos, uno no se une a ellos; eres ubicado ahí por aclamación.

Yo tampoco veía un futuro en los vándalos. Además, intentaba romper el estereotipo de ser un latino y tener antecedentes delictivos. ¿Has observado alguna vez que si aparece un latino en la pantalla, sabes que él lo hizo? Así que eso prácticamente dejaba fuera a los invisibles o los rebeldes; ¿y acaso no son los rebeldes quienes en realidad intentan desesperadamente no ser invisibles a la vez que saben que no encajan en ningún otro lugar? Quizá por eso soy tan atraído a Jesús. Si James Dean fue el rebelde sin causa, Jesús fue el rebelde con causa.

ANHELOS

Esta necesidad desesperada de pertenecer no termina con nuestra graduación de la secundaria; nos persigue el resto de nuestra vida.

Me gusta pensar en mí mismo como una persona que no está atrapada por la necesidad de pertenecer a un grupo, pero entonces abrí mi cartera como un experimento de consciencia de mí mismo. Saqué mi tarjeta de SAG, mi tarjeta de los cines Archlight, mi tarjeta del Club H, y mis *apps*- mi *app* de Equinox Fitness- sí, tengo un gimnasio y aún estoy fuera de forma- mi tarjeta Visa (no tan solo una tarjeta Visa, es mi tarjeta Visa de United Airlines). Y no solo United Airlines; soy parte de Star Alliance. Sin mencionar, por supuesto, que trabajé duro hasta pertenecer finalmente al Club 1K. También tengo mi tarjeta de AAA, y mi tarjeta del seguro de salud, pero esa mi esposa me obliga a llevarla.

Estamos rodeados por un número interminable de símbolos de pertenencia. Nos unimos a clubes, equipos, fraternidades, hermandades, sindicatos, gremios, iglesias, sinagogas, organizaciones, partidos políticos y, desgraciadamente, incluso a clanes. Marcamos nuestras tribus mediante etiquetas, tatuajes, *piercings* (perforaciones corporales), colores, símbolos, música, lenguaje y estilo, y esto es solamente la superficie de un conjunto de maneras que encontramos para pertenecer, para encajar, para estar dentro... irónicamente, mientras menos genuina es la comunidad que tenemos, más creamos comunidades artificiales.

Vivimos en un mundo de comunidades planeadas y comunidades virtuales que crecen tan rápidamente como se está desintegrando la comunidad humana. No creo que sea coincidencia que durante los veinte últimos años las etiquetas en nuestra ropa hayan pasado de estar en el interior a estar en el exterior. Sabemos quiénes somos por nuestros símbolos, y podemos identificar a quienes pertenecen a nuestra tribu simplemente leyendo las señales. Izod tiene un caimán, Polo tiene un jinete,

Abercrombie & Fitch tiene un alce, Lucky Brand tiene un trébol, Hollister tiene una gaviota, Modern Amusement tiene un cuervo, American Eagle tiene, bueno, un águila americana, y Penguin tiene –ya lo habrás adivinado– un pingüino; sin mencionar True Religion, que tiene un Buda, y puede darnos perspectiva de lo que realmente está sucediendo.

Algo tan insignificante como mover las etiquetas al exterior podría tener en realidad implicaciones espirituales más profundas. ¿Es posible que todos somos creados con una necesidad de pertenecer a algo, de pertenecer a alguien, y mientras menos pertenecemos realmente los unos a los otros, más símbolos necesitamos para sentir como si estuviéramos haciendo una conexión? Es mucho más profundo que la ropa que vestimos. Nos remodelaremos, rediseñaremos y reharemos a nosotros mismos para ser parte de una comunidad más amplia.

Llegaremos hasta grandes extremos y gran dolor para llegar a pertenecer.

En uno de los extremos del espectro nos haremos *piercings*, nos haremos tatuajes, y nos mutilaremos para ser nuestro yo único, que se parece a muchas otras personas. En el otro extremo del espectro usaremos Botox, colágeno y cirugía plástica para llegar a ser lo qué esperamos que otras personas amarán. Pasaremos por semanas infernales, nos permitiremos ser degradados durante las novatadas, e incluso cometeremos actos de violencia inimaginables para poder pasar la iniciación y así poder pertenecer, para poder ser parte de una tribu.

Al final, todos somos tribales. Somos creados por un Dios relacional para la relación.

Dios nos hizo para las relaciones, y solamente comenzamos a experimentar la vida plenamente cuando avanzamos hacia relaciones sanas y una comunidad sana. Tu alma nunca estará satisfecha con nada menos.

Cuando estamos distanciados de Dios, nos alejamos del amor. Sin Dios, perdemos nuestra fuente de amor, pero no nuestra necesidad de amor.

Lo que una vez fue nuestra fuente de satisfacción interminable se convirtió en el anhelo más profundo del alma. Lo que debía ser un recurso ilimitado se volvió escaso. Pasaríamos el resto de la historia buscando amor; y nos encontraríamos demasiadas veces demasiado solos... Creo que todos nosotros, a nuestra propia manera, construimos estrategias para evitar la soledad.

Algunas personas están relacionadas entre ellas, y otras están conectadas entre ellas.

Algunas personas comparten el mismo espacio, y otras comparten el mismo corazón.

Algunas personas viven en proximidad unas de otras, y otras viven en intimidad entre ellas.

¿Por qué es tan difícil pasar del "yo" al "nosotros"? En lo más profundo sabemos que no hemos de vivir simplemente para nosotros mismos. Incluso el personaje central de las revueltas de LA, Rodney King, preguntó: "¿Es que no podemos llevarnos bien todos?". Es momento de reconocer que lo contrario del "yo" no es "tú", sino "nosotros".

Nuestra necesidad de relación proviene de lo más profundo de nuestro ser. Sería la mayor de las tragedias sacrificar a otros en el esfuerzo por encontrarnos a nosotros mismos. Nuestra alma anhela pertenecer. La experiencia del amor, aunque emana de Dios, no está limitada a Él.

Somos creados los unos para los otros.

Somos mucho más afectados de lo que nos gustaría admitir por la comunidad de la que somos parte. Es difícil creer en Dios cuando nuestro mundo está carente de amor. No es tan difícil convencer a las personas que han sido amadas profundamente y libremente de que hay un Dios que también les ama.

> Aunque nuestro cerebro pueda negarlo, nuestro corazón
> lo sabe:
> el amor es prueba de Dios.

Mientras más nos alejamos del amor, más distante se vuelve Dios.

Vivir sin Dios es cargar con una soledad que llega hasta la parte más profunda de nuestro ser. Hay una vieja expresión sobre que los inviernos frígidos son fríos hasta los huesos. Sin amor, estamos fríos hasta los huesos; el frío se mete dentro y tan profundo que nada nos calienta. Es asombroso cómo el amor de una sola persona puede hacer que recuperes la calidez. Dentro del amor hay siempre un fuego ardiendo donde podemos calentarnos las manos, el corazón y el alma.

> Todos nosotros sabemos cuán frío está afuera.
> Es casi insoportable estar allá fuera.

Especialmente cuando estamos allá
solos,
aislados,
solitarios.

Nunca fuiste creado para estar...

solo

ENTRADA 16   DIOS Y EL BALONCESTO

EL AMOR NUNCA PUEDE SER SIMPLEMENTE ENTRE TÚ Y DIOS. NUNCA PUEDE estar limitado a esa relación. Jesús lo deja claro. El amor es algo más que la relación entre un hombre y una mujer, a pesar de cuán extraordinario pueda ser. El amor siempre se expande. El amor siempre crece, no solo más profundamente, sino también más ampliamente. El amor siempre ama más a las personas y siempre ama a más personas. El amor nos llama a la comunidad; el amor nos llama a la humanidad; el amor nos llama los unos a los otros.

Cuando pertenecemos a Dios, nos pertenecemos el uno al otro.

No hay personas ajenas. Todos los marginados son bienvenidos. Por si no fuera regalo suficiente recibir el amor de Dios infinito e incondicional, es incluso mejor que eso: Él nos da los unos a los otros. Nuestra pertenencia unos a otros no es incidental, sino absolutamente esencial. Nada menos que Jesús fue quien dijo que la prueba de Dios se encuentra en nuestro amor de unos por otros. Donde no hay amor, no hay Dios. Al mismo tiempo, si no hubiera Dios no habría amor.

Jesús nos está diciendo que sin amor, sin una pertenencia genuina, sin el poder de la comunidad auténtica, nadie debería creer que hemos llegado a conocer a Dios. Precisamente por esta razón podrías haber sido reticente a confiarle tu corazón a Jesucristo. Has estado en la iglesia, has estado con cristianos, y has sido herido por ambos. Has creado todos estos argumentos intelectuales para justificar tu incredulidad, pero al final, lo que sucede es que has sido quemado. Tus conclusiones puede que sean erróneas, pero tus instintos son correctos.

Si Dios está en el centro de algo, si Él existe en el núcleo caliente y ardiente, lo que vas a encontrar es amor. Jesús sabía muy bien esto, y nos advirtió contra las trampas de la hipocresía. Cuando quienes afirman representarlo a Él no son amorosos, quienes buscan a Dios podrían concluir que Él también es así. El problema, sin duda, es que todos somos hipócritas en transición. Yo no soy quien quiero ser, pero estoy en el viaje hasta ahí y, por fortuna, no soy quien solía ser.

Una comunidad sana no es un lugar de personas perfectas.

Ese lugar simplemente no existe. Todos tenemos defectos. Si hubiera una comunidad perfecta, quedaría arruinada en el momento en que yo entrara. Y es más fácil ser paciente con las personas cuando entendemos que ellas están siendo pacientes con nosotros. Cuando no somos transparentes desde un principio, eso crea un entorno poco sano que conduce a la pretensión y la hipocresía.

Extrañamente, la mejor oportunidad para construir relaciones significativas es admitir desde el inicio que no eres perfecto y que tienes problemas. La sinceridad es el único contexto en el cual puede desarrollarse la intimidad. Para que cualquiera de ambas cosas tenga una oportunidad, tiene que haber confianza. El amor, sin importar cómo lleguemos a él, es un riesgo inmenso. A mí me resulta más fácil recordar que Dios nunca me rechazará porque no soy lo bastante bueno y que cualquier comunidad que tenga su corazón me aceptará tal como soy. Jesús nos invita a una comunidad donde personas imperfectas pueden encontrar aceptación, amor, perdón y un nuevo comienzo.

Finalmente, sin embargo, esto requerirá que tengas que correr el riesgo y ver si Dios puede amarte realmente por medio de las personas.

Estábamos jugando al baloncesto en el patio, y después de estar satisfechos y agotados, me senté con un tipo llamado Ben, quien aún tenía preguntas serias sobre Dios. La mayor parte de nuestra conversación giró en torno a si Jesús es Dios o no. Él estaba más que dispuesto a aceptar a Jesús como un gran maestro, filósofo, o incluso gurú espiritual. Su verdadero impedimento era la cuestión de la divinidad. Después de un rato lo entendí.

Detuve todo lo que había estado intentando hacer y dije: "Tienes miedo de que Dios vaya a quemarte".

Él me miró y dijo sin vacilación: "Sí, así es exactamente". Pasó a reconocer que el dolor y el equipaje de su pasado influían en sus dudas presentes.

Todos somos así, y Jesús lo sabía. Cuando otros nos hacen daño, eso se convierte en un reflejo sobre Dios. Si nos arriesgamos a entrar en una comunidad que afirma tener acceso a Dios y nos encontramos traicionados en el proceso, eso se convierte en el camino más rápido para llegar a ser un ateo práctico. Si la religión puede llevarnos a Dios, sin duda puede también alejarnos de Él. Solamente puedo esperar que Ben, a medida que comparte la vida con nuestra comunidad, experimente la presencia de Dios mediante el amor que nos tenemos unos por otros, y por él.

ENTRADA 17   ¿SABES QUIÉN ERES?

RECIENTEMENTE ESTABA CHARLANDO CON MI AMIGO MICK, QUE HA BATALLADO toda su vida con el alcoholismo. Hubo veces cuando trabajaba con nuestro equipo de sonido, que yo sabía que el olor del alcohol no era del club donde nos reuníamos. Ha habido, incluso, ocasiones en las que Mick ha desaparecido y nos hemos preguntado si lo habíamos perdido para siempre. Fue estupendo charlar con él este pasado fin de semana. Le pregunté a Mick qué creía que lo había mantenido en nuestra comunidad durante todos estos años llenos de grandes puntos altos y tremendos puntos bajos.

Él dijo: "Ah, es fácil. Aquí siempre hubo un lugar para mí. Nadie me pidió nunca que me fuera. A pesar de lo que yo hiciera, nadie me pidió nunca que me fuera".

Quizá no haya mayor prueba de Dios que el poder de la comunidad.

Quizá no haya mayor regalo que un lugar donde pertenecer. Aunque pueda parecer que traicionas tus principios al admitir que necesitas a los demás, la ironía es que nunca te conocerás realmente a ti mismo hasta que estés en una comunidad saludable. Solo llegamos a conocernos a nosotros mismos en el contexto de otros. Mientras más aislados y desconectados estemos, más quebrada y distorsionada estará nuestra propia identidad.

No somos saludables cuando estamos solos.

Nos encontramos a nosotros mismos cuando conectamos con otros.

Sin comunidad, no sabemos quiénes somos.

En uno de mis viajes a la tierra de Oz, conocí a un australiano llamado Yanni. Él me contó que años atrás había trabajado en un tren y se encontró teniendo problemas con uno de los pasajeros. Evidentemente, un pasajero en particular sentía que no lo estaban tratando de acuerdo con su importancia y comenzó a gritarle a Yanni: "¿Sabe quién soy? ¿Sabe quién soy?".

Entonces Yanni llamó la atención de todos los pasajeros calmadamente y preguntó: "¿Sabe alguien de ustedes quién es este hombre? Parece que él lo ha olvidado". Y me describió cómo el hombre encontró su asiento con calma y tímidamente.

Creo que muchos de nosotros hemos olvidado ahí fuera quiénes somos, o quizá nunca lo hemos sabido realmente. En estos últimos años es cuando ha llegado a popularizarse el concepto de la consciencia de uno mismo, y creo que esto se debe en parte al hecho de que cada vez somos menos conscientes de nosotros mismos. Somos más ensimismados, pero menos conscientes de nosotros mismos. No sabemos quiénes somos.

¿Has visto alguna vez la primera parte del programa *American Idol* (Ídolo americano), la parte donde personas con un talento inimaginable hacen las audiciones para el programa? ¿Te has preguntado alguna vez si es posible realmente que una persona pudiera ser tan inconsciente de una falta de talento? ¿Cómo podría una persona tener veinticuatro años y no saberlo? ¿Es que nadie se molestó nunca en decírselo? ¿Acaso no sería lo más amoroso hacer eso? Sí, y de eso se trata. En un contexto saludable de relaciones amorosas, llegamos a conocernos a nosotros mismos.

Cuando vivimos fuera de una comunidad saludable, no solo perdemos a otros,

sino que nos perdemos a nosotros mismos.

A veces, las cosas más irracionales que hacemos son como respuesta a nuestra falta de identidad o nuestra búsqueda de un sentido de identidad. Cuando no sabemos quiénes somos, cuando no tenemos ni idea de quién habíamos de llegar a ser, intentamos convertirnos en algo que no somos. Quien entendemos que somos se ve afectado drásticamente, para bien o para mal, por quienes están más cerca de nosotros. A veces, eso puede ser alguien a quien realmente nunca hemos conocido.

ENTRADA 18   EL HOMBRE DE NINGUNA PARTE

DE VEZ EN CUANDO BUSCO EN GOOGLE LA PALABRA *ANCESTROS* E INTENTO explorar algún sistema que me guiará hasta mi pasado. Hasta ahora ha sido en gran parte una calle sin salida. Mira, a veces eres tan afectado por las personas que no conoces como por las personas que conoces, o quizá se parece más a las personas que deberías conocer o que habías de conocer. Yo nunca conocí a mi padre biológico. Casi lo llamo mi verdadero padre, pero eso no sería preciso, ¿verdad? Tengo un recuerdo de unos sesenta segundos de lo que debió haber sido un encuentro casual en el vestíbulo de un hotel cuando yo no tenía probablemente más de ocho años. Puedo entender mi necesidad de conocerlo a los ocho años o a los dieciocho, o incluso a los veintiocho, pero simplemente nunca desapareció. El anhelo que permanece ha llegado como una sorpresa para mí. Tengo la sensación de que, incluso, a los ochenta y ocho seguirá habiendo algo ahí.

Hay algo en el interior de todos nosotros que anhela saber a quién pertenecemos.

De dónde venimos nos informa a dónde vamos. Todos nosotros anhelamos estar arraigados en algún lugar.

Recuerdo cuando Kim y yo estábamos viajando por Irlanda. Me encanta ser de El Salvador, pero he adoptado a Irlanda como mi otro país. Después de todo, mi apellido es McManus; y aunque es solamente un alias (es una larga historia), tienes que tomar lo que puedes tener. Además, Kim realmente es irlandesa. Su mamá era una McMahan. Fue divertido viajar por el condado de Clare, caminando entre cementerios y encontrar a todos los McMahan marcados con cruces celtas. Entramos en una tienda, y la dueña de un pequeño estudio nos hizo preguntas sobre nuestros viajes. Cuando comenzamos a hablar de nuestra emoción por estar en el lugar de donde procede la familia de Kim, ella hizo una afirmación que nunca olvidaré: "No sé cómo las personas pueden vivir sin saber de dónde provienen".

Los irlandeses son un pueblo de tribus. Su identidad está arraigada en su comunidad. Hay fuerza y peligro mezclados en la conexión entre comunidad e identidad. El poder de la comunidad es que nos ayuda a entendernos a nosotros mismos. En una comunidad saludable llegamos a conocernos a nosotros mismos y encontramos fuerza en ese conocimiento. En la comunidad aprendemos cómo vivir una vida más allá de nosotros, comenzamos a descubrir nuestro potencial y nuestras fortalezas, y estamos mejor posicionados para hacer nuestras mayores contribuciones. Cuando la comunidad se produce del modo en que Dios nos diseñó para vivir, es siempre inclusiva y nunca exclusiva... Las comunidades saludables son siempre permeables. Nunca eres obligado a entrar, pero eres siempre bienvenido.

Algunas comunidades como el comunismo no pueden permitirse darte una vía de salida; otras comunidades como el fascismo no te dan ninguna vía de entrada. Cuando Dios no está involucrado en la formación de una comunidad, se vuelve exclusiva incluso cuando se usa el nombre de Dios.

Belfast quedó en ruinas porque protestantes y católicos no podían llegar a unirse en una comunidad genuina.

En África, las tribus tutsi y hutu no podían verse como un solo pueblo, y por eso estuvieron decididas a aniquilarse mutuamente.

En India, el hinduismo justifica un sistema de castas en el que los brahmanes nunca tienen que ser movidos a compasión ni interés por la terrible situación de los intocables, ya que el karma determinó dónde pertenecían.

Desde los nazis de Alemania hasta el Ku Klux Klan del Sur estadounidense, la historia humana está inundada de interminables ejemplos de lo que exactamente la comunidad humana *no* había de llegar a ser. Nuestra necesidad de identidad es tan poderosa, que escogeremos una comunidad destructiva claramente definida en lugar de vivir sin comunidad.

Lo que se pasa por alto en todo este caos, es que a pesar de dónde decidamos unirnos, de qué comunidad escojamos ser parte o cómo decidamos identificarnos a nosotros mismos, todos nosotros anhelamos lo mismo: anhelamos pertenecer.

Creo que muchos de nosotros somos como yo he sido, que nunca conocí a mi padre. Muchas decisiones que he tomado en mi vida han sido afectadas por la persona que no he conocido. Creo que muchos de nosotros somos así con Dios. Nunca hemos conocido al Padre que nos creó, y nunca fuimos creados para vivir apartados de

Él. Mi mamá volvió a casarse, y gracias a Bill McManus yo nunca fui huérfano de padre en el sentido clásico, y por eso estoy agradecido; sin embargo, al mismo tiempo había siempre esa inquietud, ese anhelo en mi alma de conocer al hombre que fue mi padre.

No es diferente lo que nos ocurre con Dios. Es mucho más profundo. Nuestra capacidad de conocernos a nosotros mismos queda drásticamente disminuida cuando no conocemos a nuestro Dios y Padre. Irónicamente, incluso si tú no crees en Dios, tu vida quizá esté más moldeada por tu falta de relación con Él que por cualquier otra relación en tu vida. De eso estoy convencido.

CONOZCO A JESSE Y LAURA DESDE HACE OCHO AÑOS ATRÁS, Y CON LOS AÑOS han llegado a ser dos de los amigos más queridos de nuestra familia. Los conocimos en medio de su búsqueda de Dios y antes de que se hubieran hecho seguidores de Cristo. Cuando los conocí por primera vez, pensé que quizá eran insaciablemente curiosos o eran dos de los buscadores de verdad más sinceros que había conocido jamás.

Desde catolicismo, budismo, cienciología, Nueva Era, y hasta Mosaic, estaban abiertos a todas las posibilidades. Lo único que querían era encontrar algo que fuera real, verdadero y hermoso. Si recuerdo correctamente, mi primera conversación con ellos fue cuando yo estaba enseñando una serie sobre el significado del agua.

De algún modo sabemos que hay secretos en el universo a la espera de ser descubiertos. La tierra cuelga en el espacio de algún modo, posicionada perfectamente para producir el único entorno que nos permitiría vivir. Un poco más cerca del sol y nos freímos; un poco más lejos y nos congelamos. Demos sentido a eso. ¿Por qué el líquido que cubre casi toda la tierra tendría la composición exacta necesaria para sostener la vida?

¿Y si, en lugar del planeta azul, fuéramos el planeta verde?

Todo en la creación habla de Dios. Dios ha creado todo un universo para señalarnos hacia Él. La creación está llena de significado.

Todo lo que nos rodea demanda que exploremos, que descubramos, que entendamos.

Las señales están ahí.

Vivimos en un universo que es elegante.

En un planeta perfectamente creado para la vida.

En un mundo lleno de belleza.

La perspectiva judía, musulmana y cristiana de la creación está arraigada en el Génesis. El mismo texto nos dice que Dios es amor. Si esto es cierto, entonces el amor es el motivo que está detrás de toda la creación. El amor está a la espera de ser descubierto. Todo el cosmos nos atrae hacia su Creador.

El agua no era lo que llegamos a conocer, sino era más como el fluido del radiador. No habría ninguna diferencia en cuanto a dónde estuviera ubicado el planeta en nuestro sistema solar, pues el agua lo arruinaría todo. El aire que respiramos, ¿cómo le damos sentido? ¿Por qué es oxígeno y no nitrógeno? ¿Por qué es vida para nosotros y no es tóxico en cambio? Estamos haciendo todo lo que podemos para cambiar eso, pero al principio no era así.

Estamos contaminando el agua y el aire, destruyendo el ozono, creando calentamiento global. En gran parte estamos arruinando el planeta, pero quienquiera que lo diseñó hizo un trabajo realmente bueno. Se supone que nosotros somos la especie más elevada y más avanzada en el ecosistema, pero lo estamos arruinando todo.

Nuestras mejores ideas ni siquiera están resolviendo el problema, y sin embargo pensamos que todo sucedió por accidente. No fue necesario ningún diseño inteligente; sencillamente fue todo un accidente. ¿Cómo es posible eso cuando ni siquiera podemos mantenerlo a propósito en su estado anterior? Es mucho más fácil creer que Dios estuvo implicado. Se necesita mucha menos fe que la necesaria para creer que la coincidencia puede dar como resultado algo tan complejo, algo tan asombroso.

En cualquier caso, ellos llegaron cuando estábamos hablando sobre el agua.

Recuerdo que Jesse me dijo que también se preguntaba cuál era el significado del agua, y que ahora tenía sentido para él. Incluso en este momento estoy bebiendo de una botella de agua que tengo en mi escritorio. Se llama *Ethos* (ética). Cuando hace años atrás escribí sobre ética o código moral en *Una fuerza incontenible*, nunca imaginé que terminaría siendo una parte de nuestro lenguaje común tan rápidamente como ha sucedido.

La ética se trata de esencia.

El agua *Ethos* da significado a beber una botella de agua. El enfoque de la empresa es ayudar a niños en todo el mundo a tener agua limpia y potable. En su declaración de misión explican: "Empleamos tu sed para ayudar a resolver este problema".

Hace que sea más fácil gastar una cantidad de dinero atroz por algo que antes fluía libremente para todos nosotros en la tierra, sabiendo que de alguna manera también estoy ayudando a niños en países como Etiopía, Honduras, India y Kenia a obtener el agua que necesitan para vivir. Empleamos tu sed para ayudar a resolver este problema: esto fue originalmente idea de Dios. Él nos hizo tener sed y después proveyó agua para saciar nuestra sed y proveer refrigerio y reabastecimiento. Entonces nos dice que Él es el Agua viva, y que si bebemos de Él nunca volveremos a tener sed… Es como si Dios nos hubiera dejado en la creación pistas de nuestra necesidad de Él.

Durante los años siguientes, los hijos adultos de Jesse y Laura llegaron a entregar a Dios sus vidas. El último de ellos en hacerlo fue el menor. Estábamos en un retiro en una montaña con unos doscientos hombres. Yo estaba dando una charla sobre *Tribu*, que fue un libro anterior en el que describo la naturaleza primitiva de la espiritualidad verdadera. Fue allí donde Jesús reconectó con Dios. Uno pensaría, o al menos esperaría, que este es el punto desde el que la historia solamente mejora, pero todos sabemos que la vida no es siempre así.

Menos de un año después, Jesús regresaba a su casa en su motocicleta en Hacienda Heights y perdió la vida trágicamente. Tenía solamente veinticuatro años.

Fue también ese año cuando todo pareció encajar. Él trabajaba con su padre en el negocio familiar; estaba casado con una hermosa mujer llamada Rong; tenían un hijo llamado Salomón, que tenía menos de un año. Era un ser humano asombroso con un gran futuro por delante. Tenía una familia maravillosa y adorable.

Tenía unos padres que lo amaban, una esposa que lo amaba, y un hijo que lo adoraba. Y entonces se fue.

Es difícil darle sentido a la vida cuando pierdes a la persona que amas; sin embargo, en medio de todo el dolor, el ímpetu de su vida no pudo ser detenido.

El amor no puede ser detenido.

La tristeza es prueba de que el amor prevalece sobre la muerte.

No se puede matar al amor.

No estoy hablando de las falsificaciones generalizadas que tantas veces llamamos amor, sino del tipo del que hablan fábulas como *La princesa prometida*: "amor verdadero". El tipo de amor que perdura más allá de la vida, que no termina con la muerte, que te llena cuando lo respiras profundamente y te hiere cuando lo pierdes. El amor es la fuerza más poderosa en el universo. Dios es amor, y Él está en todas partes.

El amor es la esencia del cosmos. El amor es la ética de Dios.

Con la pérdida de Jesús, Jesse y Laura llevaron a su casa a Rong y Salomón y se han convertido en una familia. Jesse y Laura son de descendencia mexicana, y la familia de Rong es vietnamita. Su amor creó una nueva comunidad. Debido al amor, se pertenecían unos a otros.

Salomón es el resultado de dos mundos diferentes que se unen en amor. Y le pusieron un nombre estupendo, un recordatorio maravilloso de que Dios puede guiarte en medio de las tragedias más dolorosas si le pides su sabiduría y le permites ayudarte a darle sentido a tu vida. Habría sido fácil que la pérdida de la persona a la que tanto amaban hubiera hecho que perdieran su fe en Dios, y sin embargo a través del dolor y la tristeza han sido un consuelo para otros y una fuente de inspiración y esperanza para muchos.

CUANDO NOS TRATAMOS LOS UNOS A LOS OTROS CON VALOR, CUANDO NOS interesamos unos por otros, cuando amamos, experimentamos la presencia de Dios. Más poderoso que cualquier dato o doctrina, el amor es la prueba de Dios que nuestra alma anhela.

Un terremoto devastó Managua (Nicaragua) cuando yo comenzaba la adolescencia. Fue una de las pocas veces que recuerdo a mi mamá abriendo su corazón y compartiendo sus luchas con la fe. Ella me dijo aquella noche que tragedias como esa hacían imposible para ella creer en un Dios personal. Tal como lo expresó, era más fácil para ella ser judía y creer que si había un Dios, Él lo comenzó todo, pero estaba desconectado del rumbo y de la experiencia de la historia humana. Ahora entiendo que lo que ella describía era realmente la perspectiva de un deísta, y sin embargo, al mismo tiempo, sé que muchos judíos no estarían de acuerdo con ella. En aquella misma época ella estaba leyendo un libro del rabino Harold Kushner, titulado *When Bad Things Happen to Good People* (Cuando suceden cosas malas a personas buenas). La conclusión es que Dios es bueno, pero no tiene poder para hacer nada con respecto a los problemas en el mundo.

A pesar de cuán traumáticos pueden ser los terremotos, huracanes y tsunamis, no son la causa de la violencia que desgarra más profundamente nuestra alma. Lo que más nos desgarra, lo que nos deja en pedazos y quebrantados, es lo que nos hacemos los unos a los otros. Un maremoto no tiene brújula moral, ninguna capacidad de sentir profundamente. La naturaleza no ha de interesarse por nada, pero nosotros sí. Queremos que Dios impida que la naturaleza nos cause estragos, y Dios intenta conseguir que dejemos de destruirnos los unos a los otros.

¿Por qué el lugar más peligroso del mundo para estar, es en las manos de un ser humano impasible ante el amor?

Como muchas otras personas, Ann no fue una niña deseada cuando nació, y se crió en un entorno abusivo donde fue abusada físicamente, emocionalmente y sexualmente. Uno de sus primeros recuerdos es a los tres años de edad, de pie delante de su mamá mientras le gritaban por haber hecho algo mal que ella no podía recordar. Lo que sí recuerda es que mientras se enfrentaba a la lluvia de ruido, pensaba para sí que si pudiera aguantar la respiración el tiempo suficiente, podría alejarse y no regresar jamás; tres años de edad e intentando ya poner fin a su vida.

Años después fue pasando de un entorno abusivo a otro. Se casó con un hombre que era drogadicto y alcohólico, a quien le gustaba golpearla. Ella recuerda que una noche, solamente semanas después del nacimiento de su segundo hijo, su esposo estaba por ahí con otra mujer. Ella recuerda levantarse para la toma de las dos de la madrugada y sentirse muy sola en el mundo. Llovía a cántaros.

Se sentó al lado de la ventana y le dijo a Dios que siempre había creído que Él estaba ahí fuera, pero que si eso era todo, si así era la vida, no tenía ningún caso vivir.

> Con sus propias palabras escribe: "Comencé a sufrir el síndrome del camión Mack. 'Querido Dios, por favor, que lo atropelle un camión Mack'. Pensé en maneras de matar a mi esposo, de quitarme la vida y de matar a mis hijos para que así mi esposo no pudiera ponerles la mano encima. Entendiendo la futilidad de esos pensamientos, le pedí a

Dios que se revelara a mí si es que la vida le importaba algo. Él lo hizo. Aquella noche, a las dos de la madrugada, fui al sótano y busqué entre cajas de almacenaje para encontrar una vieja Biblia. Yo era católica. No leíamos la Biblia, pero sabía que Dios estaba en aquellas páginas, así que leí sobre Cristo en el huerto de Getsemaní, el sufrimiento que Él soportó por amor".

En un sótano oscuro una noche lluviosa, una niña de tres años, ahora adulta, encontró una razón para volver a respirar: fue el amor. Algo que ella realmente no había conocido jamás, algo que nunca realmente había experimentado, llegó a ella desde las páginas de un texto antiguo. Toda la motivación de Dios hacia ella era amor. También Dios había soportado una noche oscura del alma. Él sufrió por amor para que ella pudiera encontrar amor en su sufrimiento. Cuando relataba su historia, ella usaba la siguiente frase como comienzo: "No deseada cuando nací". Dios discreparía apasionadamente de eso; Él insistiría en reescribir la historia: "Deseada antes de ser concebida; amada desde tu primer aliento".

Quizá lo más asombroso de la historia de Ann sea que ella reconoció el amor cuando lo vio.

Por otro lado, Judas, el más infame de los discípulos de Jesús, miró directamente al rostro del amor y siguió ciego a él.

Cuando decidió volverse contra Jesús, lo traicionó con nada menos que un beso.

Esta es la gran ironía de la historia humana.

Cuando Dios sí llega para abrazarnos, para encontrarnos cara a cara, para llevarnos a una relación con Él, demasiadas veces nos encontramos traicionando al amor.

Sin embargo, su amor es decidido.

Él nos sigue buscando con su compasión implacable.

Dios es el amante apasionado de la humanidad.

Él te creó para el amor.

No puedes vivir sin amor, y no tienes que hacerlo.

Sí, hay una locura en el amor. Te volverás loco al perseguirlo.

Despreciarás la vida misma si no lo encuentras.

Tu alma anhela amor y no encontrará satisfacción con nada menos.

No debería sorprenderte que cuando buscas amor, sigues encontrándote con Dios.

Escucha a tu alma. No te has entregado a una búsqueda fútil.

No estás solo en tu búsqueda.

El amor te busca.

¿Es posible que esta sea la razón por la que la historia no se irá? Dos mil años después, y de algún modo sigue siendo extrañamente persuasiva.

En una cruz, Jesús de Nazaret colgó desnudo y golpeado por amor.

Eso sí que es rechazo.

Sería fácil concluir que Dios se puso en ridículo.

¿En qué estaba pensando al morir por amor?

Él lo apostó todo al poder del amor. Ese amor fue más poderoso que el odio. Ese amor fue más poderoso que la muerte. ¿En qué estaba pensando al morir por nosotros, al entregarse por ti y por mí, sabiendo que bien podríamos darle un beso en el rostro y después alejarnos?

El amor es así de loco.

EL AMOR NO ES UNA PALABRA DE
                   CUATRO LETRAS

TODO LO QUE NECESITAS ES AMOR.

Dios es amor.

DESTINO

DESTINO
SUEÑOS
DESEOS
AMBICIÓN
LLEGAR A SER
ÉXITO
SENTIDO
PROGRESO
OPTIMISMO
ESPERANZA

¿Eres un cobarde? Esto no es para ti. Necesitamos desesperadamente un hombre valiente. Debe tener entre 23 a 25 años, con una salud perfecta, al menos de seis pies (1,82 metros) de altura, que pese unas 190 libras (86 kilos), que hable inglés con fluidez y un poco de francés, diestro con todas las armas, con conocimiento esencial de ingeniería y matemáticas, dispuesto a viajar, sin vínculos familiares o emocionales, indomablemente valiente y bien parecido de rostro y figura. Empleo permanente, salario muy elevado, gloriosa aventura, gran peligro. Debes solicitarlo en persona, Calle Dante 17, Niza, piso 2, ap. D.

PROBABLEMENTE NO TENÍA YO MÁS DE ONCE AÑOS DE EDAD CUANDO LEÍ POR primera vez el libro de Robert A. Heinlein, *Ruta de gloria*. Se convirtió en mi biblia durante mi adolescencia. Todo el mundo tiene una Biblia, tan solo que no es siempre el mismo libro. Podría haber olvidado todo lo demás en esta novela de ciencia ficción, pero ese párrafo me capturaría para siempre.

Era un anuncio pautado en la sección de Personales, específicamente para el personaje principal de la historia. Su nombre era Evelyn Cyril Gordon. Ni siquiera puedes comenzar a imaginar cuán maravilloso era leer de un héroe cuyo nombre es Evelyn cuando tu nombre es Erwin. Más adelante, ascendió hasta llamarse Oscar, y eso también fue bueno para mí.

Yo no encajaba de ninguna manera en el anuncio, pero eso no importaba; aquel era mi anuncio personal. Ellos no lo sabían, pero me estaban buscando a mí. Yo quería desesperadamente encontrarme a mí mismo en esa ruta de gloria, independientemente del peligro y a pesar del pequeño detalle de que yo era un cobarde. Incluso entonces tenía un sentido de destino. Todos la tenemos. Pero no todos hacemos algo al respecto.

Si actualmente eres un cobarde que intenta desesperadamente evitar todo estrés, cualquier presión innecesaria o peligro no previsto, podías llamarlo un defecto de diseño, pero nosotros, los seres humanos, estamos más vivos cuando perseguimos apasionadamente nuestros sueños, vivimos con propósito y tenemos un sentido de destino. De nuevo, si actualmente eres cínico, escéptico o pesimista, quizá no aprecias el hecho de que, como señala Martin Seligman en *Learned Optimism* (Optimismo aprendido), prosperamos cuando somos optimistas con respecto al futuro. Parece que el fracaso no es un rival para la persona que cree en el futuro. Cuando vemos el fracaso como algo personal, generalizado o permanente, nos quedamos paralizados.

Lo fundamental: no podemos vivir la vida de nuestros sueños sin una sensación irracional de destino.

Y todos nosotros tenemos sueños.

Más que eso, todos nosotros necesitamos sueños.

Algunos de nosotros tristemente estamos dormidos en ellos.

TODOS ANHELAMOS LLEGAR A SER ALGO MÁS DE LO QUE SOMOS. SOMOS impulsados a lograr, movidos a alcanzar, alimentados por la ambición. Arde con más fuerza en unos que en otros, pero está en el interior de todos nosotros. Todos buscamos nuestro propósito único, nuestro destino divino, o simplemente un sentido en la vida, o cierta medida de éxito. Cuando somos optimistas sobre el futuro, encontramos la energía para crearlo.

Quizá estamos violentamente en desacuerdo sobre lo que es el éxito; tal vez incluso cambiamos de opinión sobre lo que hace que nuestra vida realmente sea significativa. Pero todos nosotros estamos unidos en nuestro intento desesperado de hacernos un futuro para nosotros mismos. Todos queremos desesperadamente lograr algo, alcanzar algo; sencillamente no sabemos qué. Peor que eso, ni siquiera entendemos por qué; sin embargo eso no evita que busquemos.

ENTRADA 2   YO NACÍ PARA CORRER

PARA MÍ, NO HAY CASI NADA TAN ATERRADOR Y TAN SATISFACTORIO COMO escribir un libro. La sensación que tienes cuando has terminado, la sensación de logro cuando tu editor finalmente aprueba el manuscrito, la sensación de gratitud abrumadora cuando alguien a quien no conoces toma el tiempo para decirte que, incluso de la manera más pequeña, marcaste una diferencia en su vida; todo esto te ayuda a escribir en medio de las feroces respuestas de tu editor cuando reacciona a tu primer borrador, y de aquellos que sinceramente y apasionadamente están convencidos de que deberías hacerle un favor al mundo y solamente leer libros y renunciar a escribirlos (ellos, por otra parte, están seguros de que mis ideas provienen del diablo). Pero no puedo detenerme. No es una profesión para mí; es una pasión, realmente algo más que una pasión, más parecido a una enfermedad. De hecho, en una de mis muchas visitas a la cadena de librerías Borders, encontré un libro desconocido titulado *The Midnight Disease: The Drive to Write, Writer's Block, and The Creative Brain* (La enfermedad de la medianoche: el impulso de escribir, el bloqueo del escritor, y el cerebro creativo) de Alice Weaver Flaherty que propone una interconexión entre la compulsión a escribir y la enfermedad mental. Entiendo totalmente el diagnóstico. Cuando yo comienzo, prefiero escribir que dormir o comer, y el contacto humano resulta una invasión de la privacidad.

Desde tan lejos como puedo recordar, siempre quise ser escritor. Es uno de esos sueños de la niñez que se cumplen. Es curioso cuando lo piensas, no la idea de ser escritor, sino el concepto de llegar a ser algo.

¿Cómo es que de niños nos imaginamos una vida que nunca hemos conocido? ¿Cómo es posible participar en un proceso de pensamiento tan complejo años antes de ser capaces incluso de sobrevivir por nosotros mismos? Tienes cinco años y quieres ser médico. ¿Por qué? No necesitas un empleo. Todas tus facturas están siendo pagadas. Tienes alimento, cobijo, ropa, juguetes, chóferes, un guardaespaldas personal, y un chef privado; ¡lo tienes todo! ¿Cuál es la motivación para cambiar? Nunca lo tendrás mejor.

¿Qué querías ser cuando eras pequeño?

Incluso cuando somos pequeños, pensamos en grande. Lo queremos todo. Queríamos jugar deportes. Queríamos ser estrellas de cine. Queríamos ser más altos. Incluso queríamos ser más viejos.

¿En qué estábamos pensando?

Queríamos tener once años cuando teníamos seis, después dieciséis, y después dieciocho, luego veintiuno, entonces a los veintinueve recuperamos la cordura y deseábamos tener veinticinco y seguir contando (hacia atrás).

¿Recuerdas cuando lo único que podíamos hacer era gatear?

Vamos, piensa.

¡Lo teníamos todo hecho! Nos cargaban a todas partes. Personas adultas intervenían para satisfacer cada una de nuestras necesidades. Podíamos llorar, quejarnos y actuar como un bebé, y aún así el mundo giraba alrededor de nosotros. ¡Ah!

Aquellos eran buenos tiempos, amigo.

Pero no podías dejar en paz el estar bien, ¿verdad?

Tenías que intentar caminar, y ¿a qué costo?

Te caías una y otra vez; ciertamente no eras un natural. Pero insististe. Recorriste el camino a tropezones. Te paraste sobre tus propios pies, y comenzaste a caminar solo. En cuanto pudiste hacerlo, lo convertiste en una carrera. Quizá no eres así ahora, pero cuando tenías dos años, eras un hominoide tercamente ambicioso.

Hay algo en nuestro interior que nos impulsa. Llamémoslo ambición, pasión, rebelión, competición, independencia, sea lo que sea; se manifiesta de diferentes maneras, pero está ahí dentro desde el principio mismo. El espíritu humano anhela llegar a ser. "Llegar a ser ¿qué?", preguntas. Apenas parece importar. Estamos motivados por un número interminable de cosas, pero son siempre grandes.

Los humanos somos soñadores. No es tanto que crecemos para llegar a serlo, sino que es un defecto de fabricación. De hecho, cuando somos jóvenes y estamos menos arraigados en la realidad, soñamos los sueños más grandes y más ridículos. Nuestras ambiciones y aspiraciones pueden estar totalmente fuera de control cuando tenemos ocho años. Somos como el joven Jack Dawson interpretado por Leo DiCaprio en la película galardonada con el Oscar, *Titanic*, parado en la proa del barco y gritando para que toda la creación lo oyera: "Yo soy el rey del mundo". Él no lo era, ya lo sabes.

Aunque parecemos entenderlo en diferentes medidas e intensidades, todos anhelamos llegar a ser. Nacemos con un instinto no solo de supervivencia, sino también de logro. Existe un fuego dentro de cada uno de nosotros que nos impulsa hacia adelante. Estamos diseñados para aprender, adaptar, crecer, cambiar, desarrollarnos, progresar, llegar a ser. Especialmente cuando somos niños, tenemos una energía interminable que alimenta el juego, la curiosidad y la imaginación. Desde la niñez avanzamos naturalmente hacia el futuro. George Bernard Shaw lamentaba que la imaginación fuera desperdiciada en los jóvenes; Einstein, por otro lado, atribuía la clave de su genialidad a no haber perdido nunca su curiosidad infantil.

A medida que crecemos, esas cosas se intensifican hacia pasión, deseo, impulso y ambición. A lo largo de nuestra vida las expresamos a medida que aspiramos y buscamos lograr, alcanzar y obtener. Somos hechos a medida para un futuro. Todos nosotros deseamos que nuestras vidas cuenten de alguna manera. Todos tenemos una necesidad interior de alcanzar cierto tipo de éxito o encontrar significado de algún modo. Perseguir el futuro que deseamos nos vigoriza y nos inspira. Para mí, era un deseo de escribir el que me impulsó hacia lo que puede ser considerado una forma de locura. Aparece de diferentes maneras, pero en esto todos compartimos la misma enfermedad. Cada uno de nosotros anhela crear, incluso, cuando no sabemos exactamente qué. Todos nosotros, al menos, queremos crear una vida mejor, un futuro mejor, un nosotros mejor. Cuando abandonamos esas aspiraciones, nos encontramos ahogándonos en la apatía y la atrofia.

ENTRADA 3   LLAMADO DEL DESTINO

YA SEA ESFORZÁNDONOS POR EL ÉXITO O ANHELANDO SENTIDO, YA SEA al intentar crear un mundo mejor o llegar a ser una persona mejor, hay un impulso en el interior de todos nosotros. Estamos diseñados con una necesidad de avanzar. Sin ella, nuestras vidas se convierten solamente en sombras de lo que podrían haber sido. Puedes vivir sin perseguir un sueño, puedes operar sin pasión, pero con cada momento que pasa tu alma se volverá cada vez más anémica.

Tu alma desea llegar a ser, y puedes intentar ignorarlo, pero pronto te encontrarás a ti mismo aborreciendo tu vida y menospreciando a todo aquel que se niega a renunciar a sus sueños.

Y no puedes descartar esto como un condicionamiento cultural. Esto no es una característica que se forma en la edad adulta; esto es algo que se revela desde las primeras etapas de nuestras vidas. Nadie tiene que alentar a los niños a gatear. Con cada fibra en nuestro ser batallamos para movernos. Llega un momento en que el gateo no es suficiente. Aunque nos caemos una y otra vez, peleamos para lograr estar de pie, y comenzamos a caminar. Caminar es estupendo hasta que podemos correr, y correr es estupendo hasta que podemos conducir, y para algunos de nosotros conducir no es lo bastante rápido; simplemente tenemos que volar.

Nuestra necesidad intrínseca de progreso puede verse desde nuestros primeros sueños y anhelos de la niñez. Los seres humanos somos ambiciosos por instinto. Cuando soñamos, nuestros sueños gravitan de modo natural hacia la grandeza. Nadie sueña nunca con llegar a ser un nadador olímpico que, tras años de duro trabajo y sacrificio personal, se las arregla para llegar en cuarta posición. ¿Puedes imaginar a una nadadora de diez años de edad que te describe apasionadamente que está trabajando para llegar a los Juegos Olímpicos y su ambición es terminar a un lugar de distancia de una medalla? El sueño que le impulsa es saber que está en la misma agua con las mejores del mundo.

Recorre las calles de Brooklyn. Entrevista a esos niños que juegan al baloncesto hasta que llega la oscuridad de la noche. Pregúntales lo que quieren hacer cuando sean mayores.

Ellos te dirán que quieren jugar en la NBA (Asociación Nacional de Baloncesto, por sus siglas en inglés), que quieren ser el siguiente Michael Jordan. Ninguno de ellos tendrá los ojos llorosos, mirará hacia la distancia y dirá: "Quiero ser lo bastante bueno para poder estar en el banquillo en el equipo que está en último lugar en la NBA".

Lo realmente extraño sobre este fenómeno es que si fuéramos brutalmente sinceros, la mayoría de esos muchachos no tienen lo necesario para lograr llegar a ser una nadadora en las Olimpiadas o un jugador de baloncesto profesional. Si tan solo pudieran conseguir un contrato para estar sentados en el banquillo o incluso lograr solamente calificarse para los Juegos Olímpicos no sería nada menos que un milagro. Para la mayoría de nosotros, llegar el último entre los mejores sería un sueño inalcanzable, y sin embargo no soñamos de ese modo.

Estábamos viviendo en Miami (Florida) cuando conocí a un muchacho filipino llamado Billy. Él era un par de años mayor que yo y diez veces más popular. Era provocador, conseguía a todas las muchachas, y tocaba el saxofón. Yo concluí rápidamente que necesitaba tocar el saxofón. Me apunté para tocar en una banda, y durante los dos años siguientes toqué en la tercera silla en una sección de tres. A pesar de cuánto lo intentaba, sencillamente no iba a suceder. Yo no nací para tocar el saxofón, pero siempre me ha encantado la música. Años después agarré una guitarra, hice mis pinitos con un piano, y escribí mucha música, pero hay millas (Miles) de distancia entre yo mismo y Miles: Davis, quiero decir. Quizá no tengo las habilidades de un músico de talla mundial, pero tengo el alma de uno.

Mi casa se parece a una tienda de guitarras que ha sufrido un robo: equipo de sonido, micrófonos, teclados, guitarras acústicas, guitarra eléctrica, bajo, flauta, batería, y sí, incluso un saxofón. Aunque creo que no es una exageración decir que yo he sido el ímpetu incuestionable para el amor de mis hijos por la música, sus aspiraciones no están alimentadas por mí, sino por Neal Pert, Geddy Lee y Lenny Kravitz. Para mí fueron John Lennon y Paul McCartney cuando era joven, y Bono y Chris Martin desde entonces. Ha habido muchas bandas estupendas desde los Beatles, Rush, Radiohead y Coldplay, pero si vamos a soñar, si vamos a perseguir un estándar de grandeza, una vez más el espíritu humano gravita por naturaleza hacia lo extraordinario. Soñamos con grandeza; soñamos ambiciosamente.

Aunque mi hijo tiene un póster de James Dean en su cuarto, mi hija de trece años tiene un póster de Albert Einstein. Debajo de su cabello apelmazado se lee: "Es solamente al individuo a quien se le da un alma". Mariah ama a Einstein. Al haber leído parte de la historia de su vida, ella sabe que él tuvo verdaderos problemas. Había cosas en su vida que ella no admiraba, pero como científico, él es James Dean. La razón es sencilla: ella ama la ciencia.

Desde que yo puedo recordar, ella ha aspirado a ser científica. Estoy seguro de que en algún momento, en sus primeros años, tuvo una maestra de ciencias estupenda que le inspiró hacia este campo. No puedo recordar su nombre. Desgraciadamente, así es como funcionan las cosas realmente en este mundo. Si mi hijo es inspirado a jugar al baloncesto porque yo me pasé interminables horas en el patio con él, él nunca va a decir: "Algún día espero jugar tan bien como mi papá". Seguramente yo quedaré bastante olvidado en la cancha, y Dwayne Wade servirá como su inspiración.

Cuando somos niños suponemos que la grandeza está a nuestro alcance. Cualquier cosa que nos inspire, hace que comencemos a soñar que algún día seremos los mejores. Solamente cuando perdemos nuestra inocencia infantil es cuando empezamos a conformarnos con mucho menos. Una parte de crecer parece ser conformarnos a la mediocridad. Es fácil decir que simplemente estamos siendo realistas, que es tan solo una parte del crecimiento; pero, de hecho, es la muerte de nuestra alma. Cuando dejamos de soñar, comenzamos a morir. Para algunos de nosotros, esta ha sido una muerte lenta y dolorosa. Otros son simplemente muertos andantes. Murieron hace mucho tiempo atrás, y no es nada menos que una locura de la naturaleza que sigan respirando.

ENTRADA 4 ¿SOÑAMOS TODOS CON VOLAR?

ESTABA YO ANOCHE EN EL CLUB MAYAN (EL LUGAR DONDE SE REÚNE nuestra comunidad de fe cada domingo en la noche aquí en LA) despidiéndome de una de las personas más extraordinarias que he conocido este año pasado. Su nombre es Randy Bradford. Recuerdo la primera vez que lo conocí, cómo me asombró con una confianza inusual para un hombre de su estatura. Verás, Randy mide menos de cuatro pies (1,22 metros) de altura, "dependiendo de la cinta métrica de qué tienda se mire", tal como él lo expresa. Todo el mundo tiene una historia única, pero tuve la sensación de que la de Randy era más inusual que la de la mayoría de nosotros.

Hace unos meses atrás estábamos sentados juntos después de una de nuestras reuniones, y le pedí que me hablara un poco de su viaje.

Su introducción me agarró fuera de guardia: "Soy un abejorro". Yo no tenía ni idea de a qué se refería. Él es un poco bajito y robusto, de modo que al principio pensé que estaba siendo descriptivo, pero realmente estaba avanzando hacia una de sus mayores pasiones: a Randy le encanta volar. Aunque tiene una historia mucho más amplia, para Randy el hecho de ser piloto es simbólico de su mayor viaje. Tengo que admitir que cuando me dijo que era dueño de un avión, me quedé sorprendido. Cuando me dijo que en realidad era el piloto del avión, me quedé asombrado. Debo confesar que había llegado a la conclusión de que Randy necesitaba un cuidador, ya sabes, alguien que lo ayudara a lo largo del día, al menos un conductor y facilitador. Vaya si estaba yo equivocado. Este tipo no había permitido que nada lo detuviera. Ningún reto parecía demasiado grande; no había ningún desafío para el cual él fuera demasiado pequeño (doble sentido).

Él tenía cinco años cuando supo que algún día volaría. A finales de los años sesenta sus padres lo llevaron al aeropuerto de Portland para ver despegar y aterrizar a los aviones. De niño le gustaba observar la estructura de los Boeing 707 y 727 y a los McDonnell Douglas DC-8 aterrizar y despegar. Fue allí donde nació su sueño. Él sentía que eso era su destino. Su mamá, desde luego, batallaba con cómo iba a decirle que aquello no sería posible. Resulta que nunca tuvo que hacerlo, y es ahí donde entra en escena el efecto abejorro.

Randy explicaba que mediante todas las teorías de la aerodinámica y la física, el abejorro no debería ser capaz de volar, pero puede hacerlo. No hay ninguna razón científica para que lo haga; simplemente lo hace. Supongo que nadie se molestó en decirle que no era posible volar. Hubo muchas personas a lo largo del camino que le dijeron a Randy que su sueño de volar nunca llegaría a cumplirse. Una y otra vez le dijeron que era imposible, pero de algún modo él sabía en sus entrañas que aquello no era cierto. Hubo destellos de esperanza a lo largo del camino. Otra persona de corta estatura lo había hecho, y se estaban desarrollando prótesis para personas a quienes les faltaban miembros. En 1989, un instructor de vuelo llamado Bob Wallace, finalmente lo aceptó como alumno, y Randy comenzó a prepararse para despegar. Un año después, tras varios intentos y revisiones de equipo adaptado, y una demostración de su habilidad ante un examinador de la Administración Federal de Aviación (FAA, por sus siglas en inglés), Randy salió solo.

En ese momento, sus sueños emprendieron el vuelo.

El 15 de abril de 1998 Randy compró un Cessna 150 de 1968 y comenzó a volar para una organización sin fines de lucro llamada Challenge Air for Kids and Friends (Reta el aire para niños y amigos), una organización que lleva a volar en avión a niños con discapacidad o que de algún modo están desaventajados. El efecto abejorro había completado el círculo. Pero realmente era mucho más profundo que eso. Randy nació con una displasia ósea heredada genéticamente que se llama enanismo distrófico. Este trastorno está caracterizado por brazos y piernas muy cortos y varios otros defectos ortopédicos y de cartílagos. Imagina tener cuarenta y tres años de edad y tener una altura de solo cuarenta y cinco pulgadas (1,14 metros). Además de sus retos físicos, no se esperaba que Randy sobreviviera mucho tiempo tras su nacimiento, y mucho menos que llegara a la edad adulta.

Vivimos en una época en la que, dada la información de la enfermedad de Randy, muchos decidirían interrumpir el embarazo. El

ANHELOS

argumento, sin duda, sería sobre la calidad de vida. ¿Qué tipo de vida se podría esperar de alguien que nació con una desventaja tan extraordinaria? ¿Sería justo traer a alguien al mundo cuando lo abandonaría tan rápidamente? Sin embargo, cuatro décadas después Randy es un recordatorio andante de que el futuro, con frecuencia, tiene mucho más de lo que podemos imaginar. Él tiene una licenciatura en ingeniería química de la Universidad Estatal de Oregón, y durante los veinte últimos años ha estado trabajando para crear software que automatiza plantas químicas.

Según Randy: "Yo soy una prueba viva de que Darwin estaba equivocado; o al menos tuvo una mala definición de quiénes eran los más fuertes para sobrevivir".

Con todo lo que Randy había superado, siguió habiendo muchas otras luchas y retos que tuvo que enfrentar. Cuando se encontró llegando a los cuarenta años de edad, comenzó a preguntarse si tenía un futuro por el que valía la pena vivir. Nunca se había casado y se preguntaba si alguna vez conocería el amor. Sabía que su estatura entraba en juego y cuestionaba por qué Dios le hizo eso a él. Se encontró batallando con adicciones. Tal como él lo describe: "Me convertí en un alma perdida".

A mí me asombró que aunque sus retos físicos eran muy diferentes a la mayoría de los nuestros, sus luchas internas eran muy parecidas. Él anhelaba ser amado; intentaba darle sentido a su vida; necesitaba saber si su vida tenía un propósito o si toda su lucha era por nada. ¿Es que no somos nada más que anomalías biológicas? ¿Somos simplemente el producto del azar, el resultado de la mala suerte? ¿Es nuestra existencia tan solo un accidente, o hay una razón para nuestro ser? Existe una diferencia entre ser inusual y ser único. Randy sabía que él era diferente, pero más que eso sabía en cierto modo que estaba destinado a remontarse y volar.

Es asombroso cuánto podemos soportar cuando estamos convencidos de que hay un propósito en nuestra lucha.

Mientras Randy estaba en el Estado de Washington fue cuando lidió con su necesidad de Dios. Encontró a Dios mientras buscaba su destino. No estaba en una búsqueda religiosa, pero sin darse cuenta estaba en un viaje profundamente espiritual. Como Randy, cada uno de nosotros tiene un anhelo de llegar a ser. Nuestra alma anhela progreso. Necesitamos creer en el futuro. El abejorro no solo nos señala a Dios; nos señala a nosotros mismos, a nuestro propio diseño único. Hay un destino que nos espera a todos. Nos llama, y si lo ignoramos, pronto somos perseguidos por él. Todos soñamos con volar. No permitas que el hecho de que nadie crea que puedes hacerlo te haga salir de la pista de despegue.

Recientemente, Randy se mudó al norte. Había planeado vender su avión para pagar su reubicación. Parece que tras compartir su historia, no podía lograr vender el avión. Me envió una nota dándome las gracias y diciéndome adiós, y después la firmó con esta frase: "El Abejorro aún vuela".

ENTRADA 5 LA VIDA ES UN SUEÑO EN DESARROLLO

VIAJAMOS POR LA VIDA BUSCANDO NUESTRA PROPIA *CALLE DANTE 17, NIZA, piso 2, ap. D.*

Esa puerta que una vez atravesamos cambia nuestras vidas para siempre; no porque la vida sea mejor ahora de lo que era antes, sino porque sabemos que estamos en la senda para la cual fuimos creados. Es nuestra senda de gloria, nuestra aventura gloriosa. Hemos sido llamados a salir de lo rutinario y tedioso a una vida que está por encima de nuestras mejores imaginaciones. Tenemos una misión, un propósito, un destino. Que Randy encontrara su senda única no nos lleva a un final feliz de su historia, solamente a un nuevo comienzo.

Antes de conocer a Randy, yo estaba bien familiarizado con el efecto mariposa, pero fue necesario Randy para llevarme cara a cara con el efecto abejorro. El efecto mariposa propone que incidentes pequeños y aparentemente insignificantes pueden poner en movimiento una cadena de eventos con consecuencias de largo alcance. El efecto abejorro describe cómo sueños grandes y aparentemente imposibles pueden poner en movimiento una cadena de eventos que dan como resultado que una persona, aparentemente insignificante, viva una vida extraordinaria. Somos capaces de mucho más de lo que pensamos.

Ahora bien, yo nunca me he creído la frase que dice: "Si puedes soñarlo, puedes hacerlo". No es por falta de imaginación, sino debido a una abundancia de ella. Hay muchas cosas con las que puedo soñar y para las cuales no fui diseñado. Puedo soñar con ser un gimnasta, pero te garantizo que eso no está en el ámbito de la posibilidad. Ganar campeonato de donqueo de la NBA: puedo soñarlo, pero no puedo hacerlo. Llegar a ser el cantante solista de U2: puedo soñarlo, pero no va a suceder.

Algunos de nuestros sueños han de ser precisamente eso: sueños.

Quizá no podamos lograr todo lo que soñamos, pero no lograremos nada sin nuestros sueños. No es que digamos que no suceden cosas que están por encima de nuestros mejores sueños, pero ese efecto parece entrar en escena solamente cuando estamos realmente persiguiendo sueños osados.

El efecto abejorro es un recordatorio de que quizá estés subestimando de lo que eres capaz. Sin duda, el diseño importa; pero incluso en la naturaleza el propósito supera al diseño. El abejorro tiene un propósito que hace necesario que pueda volar, y eso hace. Los abejorros son un recordatorio estupendo de que nunca deberíamos subestimar el potencial. Randy Bradford se ha convertido en una gran prueba de Dios. De hecho, cada vida que es sacada de lo rutinario y tedioso y encuentra un vuelo inesperado se convierte en prueba de Dios.

Pensemos en ello un momento. ¿Qué es lo que nos hace soñar? ¿Cómo puede ser eso simplemente una función de la evolución? No me malentiendas. Mi meta no es construir un argumento contra la evolución; solo estoy diciendo que suceden más cosas de las que Darwin estaba pensando cuando estudiaba las plantas.

¿Qué tienen que ver los sueños con la supervivencia del más fuerte?

Si algo, soñar despierto puede ser una responsabilidad real. Me refiero a que los sueños son estupendos mientras estamos en uno, pero finalmente tenemos que despertar.

¿Qué sucede cuando tu vida no puede estar a la altura de tus sueños? Llega esa sensación inmensa de insatisfacción con la vida. Si no tienes cuidado, realmente podrías desarrollar un desdén real por la vida misma.

Sueños grandes + una vida de pesadilla = combinación peligrosa

Los sueños pueden convertirse en una vía de escape,

un

modo

de

ir

a algún lugar

que nos

aleja del

mundo

real.

Lo que me resulta curioso es que, incluso, tenemos esta capacidad de ver, de imaginar, de soñar con una vida distinta a la que tenemos. Si Dios tuviera una naturaleza siniestra, esta sería una manera estupenda de atormentarnos. Podríamos llegar fácilmente a esa conclusión si no fuera por una cosa: no podemos vivir sin sueños. En nuestros peores momentos los sueños nos persiguen, pero cuando las cosas funcionan como deberían, nuestros sueños nos inspiran.

Sin sueños no tenemos nada que nos impulse.

De hecho, son nuestros sueños los que nos vigorizan para ir, literalmente, a la guerra contra la realidad y hacer que sea nuestro futuro lo que solamente existe en nuestra imaginación. Tal vez no haya una capacidad humana más única que la habilidad de anticipar. La anticipación prende una emoción en el presente, causada por nada más que una posibilidad en el futuro. La anticipación es como probar una comida estupenda incluso antes de dar el primer bocado.

Soñamos con un destino, y eso alimenta nuestro deseo.

Cuando nos quedamos en el pasado, tendemos a querer vivir ahí. Cuando soñamos con el futuro, queremos ir allí. *Nuestros sueños están donde Dios pinta un cuadro de una vida a la espera de ser creada.* Los sueños son el modo que tiene Dios de alimentar el futuro, y en esto somos todos iguales.

Todos nosotros necesitamos creer en el mañana.

Cuando vivimos sin sueños, somos funcionalmente disfuncionales.

Hemos renunciado al proceso creativo.

Hemos abdicado la responsabilidad de nuestro propio futuro al azar, al destino, o a otra cosa... Una vida en Dios nunca está ausente de sueños.

Dios nos diseñó para soñar porque nos creó para crear. Somos hechos para estar involucrados activamente en el proceso de crear el futuro. El futuro no solo sucede; se le da entrada. Nuestra necesidad de progreso nos rodea por todas partes. Probablemente te está gritando, pero quizá no lo has notado.

Incluso mientras reflexionaba en esta sección, pasé por mi ritual diario de subirme a la báscula. Sí, ya lo sé, es una actividad vana en ambos sentidos de la palabra. Es vana en que no debería importarme, y es vana en que es una batalla perdida. Por lo tanto, ahí estaba yo interactuando con esa máquina mentirosa. La mayoría de las veces simplemente se burla de mí por estar atrapado en el *statu quo*, y otras veces me envía una clara advertencia de que me dirijo en la dirección por la que no quiero ir. Pero en un momento de reflexión, miré debajo de los números que definen mi valor, y vi el nombre del fabricante de este instrumento de tormento.

¿Adivinas cuál es el nombre?

Es "Thinner" (más delgado).

Si estuviéramos buscando precisión en la publicidad, ¿no debería alguien que fabrica básculas llamarse "Más robusto" o "Fútil"? Ah, pero los gurús del mercadeo eran demasiado inteligentes para eso.

Se les podía escuchar tramando: "Tenemos que lograr que sigan creyendo que pueden hacer progreso. Primero reciben malas noticias, y después inconscientemente inclinan la cabeza con desesperación y ven nuestro nombre. Será más que un nombre; será una señal para ellos, una voz de esperanza. Puedes ser... serás más delgado".

(Acabamos de pedir pizza).

SER NEUTRAL NO TE LLEVA A
NINGUNA PARTE

EN ALGÚN LUGAR EN EL CAMINO, MUCHOS DE NOSOTROS PERDEMOS NUESTRA ambición o llegamos a creer que la ambición es algo malo. Nos dijeron que si queremos ser verdaderamente espirituales, tenemos que liberarnos a nosotros mismos de toda ambición. La tragedia, desde luego, es que eso no es cierto. La ambición no solo es una cosa buena; es también cosa de Dios.

Es Dios quien ha puesto en tu interior el combustible de la ambición.

No puedes vivir la vida para la cual Dios te creó sin ser ambicioso. La razón por la que tu corazón da un vuelco cuando ves grandeza, es que tu espíritu se ve atraído a ella. La razón por la que podemos experimentar la euforia vicaria de una gran victoria o de un logro asombroso es que el espíritu humano se identifica con la grandeza.

Aunque muchos de nosotros hemos llegado a creer que la ambición es poco sana, la verdad es que cuando pierdes la ambición, pierdes tu futuro. Cuando pierdes tu futuro, pierdes la esperanza. Y nadie puede vivir bien sin esperanza. Sin ambición no tenemos sueños por los que valga la pena vivir. Cuando permitimos que nuestros sueños mueran, comenzamos a morir con ellos.

Todo ser humano tiene una necesidad de progreso.

Esto no es accidental. Dios nos creó con una necesidad intrínseca de llegar a ser. Estamos conectados no solo al pasado y al presente, sino también al futuro. Hay una razón por la cual tienes un sentido de destino. Fue puesto ahí por Dios, y te atrae a perseguirlo.

El punto aquí no se trata de aquello por lo cual nos esforzamos, sino del hecho de que nos esforzamos.

Y nos esforzamos, nos esforzamos, nos esforzamos.

Fue Nicolás Maquiavelo quien observó: "La ambición es una pasión tan poderosa en el pecho humano que a pesar de cuán alto lleguemos, nunca estamos satisfechos".

Podemos concluir que la ambición es algo malo, pero igual que culpar a la gasolina por dar potencia al auto de un conductor borracho o incluso culpar al alcohol, el problema no es la ambición; es el objeto de la ambición.

Carecer de ambición es volverse complaciente.

Perder nuestra pasión es volvernos apáticos.

Si esta es nuestra única opción, entonces ¡eso es **patético**!

¿Has observado, a propósito, que quienes tienen grandes ambiciones tienen un efecto desproporcionado sobre el futuro? No simplemente se entra en el futuro; se crea. Para crear, antes debemos soñar y después actuar.

El futuro no sucede por accidente; sucede mediante la participación.

Fuimos creados para esforzarnos por el progreso y perseguirlo con pasión. Es Dios quien nos diseñó de esta manera. Él nos hizo creativos, y nos hace responsables. En cierto modo hay muchos de nosotros que hemos pasado por alto este punto. Hemos permitido que la historia humana sea moldeada por quienes están distantes de Dios y son hostiles hacia las personas.

La maldad nunca pide permiso.

Los tiranos nunca tuvieron en consideración lo apropiado de sus acciones. Una de las grandes tragedias de la historia humana es que, aunque quienes están motivados por la avaricia, el poder y la violencia han forjado el futuro que les agrada, muchos de los que anhelan un mundo mejor se han quedado sentados pasivamente, observando y deseando que el mundo pudiera ser diferente.

Creo que, en parte, entiendo el porqué. A veces ha sido la indiferencia, pero creo que muchas veces ha sido una confusión sobre Dios. Creemos que es tarea de Dios arreglarlo todo. Personas sinceras han diferido su responsabilidad mientras esperaban que Dios hiciera algo, pero eso ha creado una espiritualidad que carece de iniciativa y participación. Esto va en contra de la naturaleza del espíritu humano, y va en contra de la manera en que Dios nos ha creado. Realmente podríamos concluir que Dios es apático e indiferente porque nosotros lo somos. Dios nos creó para participar, para resolver problemas, para suplir necesidades, para hacer algo con nuestras vidas. Nos hizo para que nos impliquemos y espera que actuemos. Por eso alguien como la Madre Teresa nos ayuda a creer en Dios. La compasión humana refleja a Dios y nos mueve hacia Dios.

¿Mencioné que el futuro no se produce por accidente?

Fuimos creados para creer en el progreso y perseguirlo con pasión. Es Dios quien nos diseñó de este modo. Él nos hizo creativos, y nos hace responsables. En cierto modo hay muchos de nosotros que hemos pasado por alto este punto. Hemos permitido que la historia humana sea moldeada por quienes no reflejan el valor de Dios por el amor, por la belleza, y por la justicia.

EN 1977 STEVEN SPIELBERG SACÓ OTRA PELÍCULA CLÁSICA QUE CAPTABA este sentimiento de destino que nos persigue a todos. Se tituló *Encuentros cercanos del tercer tipo*. La trama a primera vista parece bastante clara: alienígenas del espacio exterior estableciendo contacto con el planeta Tierra. ¿Son tipos buenos o tipos malos? ¿Han venido en paz, o ahora estamos pasando de la guerra mundial a la guerra de los mundos? La trama secundaria, sin embargo, es mucho más espiritual y misteriosa de lo que habríamos esperado.

Hay señales que guiarán tu viaje.

Están a la espera de ser descubiertas,

pero debes buscarlas.

Hay algo sucediendo en tu interior que nadie más puede entender. Estás siendo llamado a salir, pero no sabes a qué o por quién. Parece atrapado en tu interior, se eleva hasta la superficie, y se vuelve absorbente.

Para Roy Neary, interpretado por Richard Dreyfuss, fue una experiencia mística y enloquecedora. Su viaje le costó todo; le hizo perder su empleo, lo aisló de su familia, y le condujo casi a perder la cordura. Era perseguido por una visión que él no podía llegar a enfocar. Había indicaciones por todas partes, pero él no podía dar sentido a ninguna de ellas.

Estaban los sonidos, ruidos ininteligibles que en cierto modo prometían revelar sus secretos si él prestaba mucha atención. Podían descartarse como nada más que ruido, excepto que su sentido lo perseguía. Él estaba siendo llamado. Había sido escogido. Cinco notas llenas de sentido en lo que parecía un juego cósmico de *Adivina esa melodía*. Había algún lugar donde él había de ir, algo que había de hacer. Sencillamente él no sabía lo que era, pero ignorarlo no era una opción. Cerrar sus ojos y taparse los oídos solamente aseguraría que se volvería loco.

Todos oímos voces en nuestra cabeza, y tenemos visiones que surgen de nuestro cerebro e interrumpen nuestra rutina diaria y nos ruegan que nos separemos de lo trivial de la vida. Algo se mueve en lo profundo de nuestro ser, llamándonos a salir, invitándonos a perseguir y descubrir aquello que no conocemos.

Todos nosotros somos llamados a un lugar donde no hemos estado. Nuestra vida siempre hubo de ser un viaje a lo desconocido. La invitación es a la vez personal y mística. Ninguna otra persona puede entender plenamente a lo que tú eres llamado. Quizá tú mismo no lo entiendas totalmente. La senda que debes recorrer tal vez a otros les parezca extraña o irrazonable, pero tú sabes que sucede algo más de lo que parece.

Cuando yo comencé a buscar a Dios, Él abrió mis ojos, mi mente y mi imaginación a un futuro que yo nunca podría haber soñado. Comencé a ver lo que podría ser la vida si yo leía las señales y escogía esta gran búsqueda.

Dios nos llama de la vida que hemos conocido
Y nos llama a una vida que nunca hemos imaginado.

Las señales te rodean por todas partes, pero incluso todas ellas están más en tu interior. Tu alma está siendo empujada; estás siendo llamado a un Dios cuya voz no han oído nunca tus oídos.

Tienes visiones de una vida que posiblemente no podrías crear tú solo. Ya no estás satisfecho con dónde estás, y ahora estás en una búsqueda del lugar que no conoces. Fuiste creado no para vivir en el pasado, sino para crear el futuro. Tu alma anhela llegar a ser, y nunca estarás satisfecho con menos.

ES IMPORTANTE VIVIR PLENAMENTE CADA MOMENTO, PERO ES IGUALMENTE importante asegurarnos de no vivir la vida solo para este momento. Si no creemos en una vida después de la muerte, intentamos encontrar propósito en el aquí y ahora. Sin embargo, podemos hacer eso solamente si al menos creemos en el "después de ahora". Tenemos que creer en el mañana para operar bien en el presente. Nunca nos resultará suficiente simplemente existir, y si lo único que tenemos es el ahora, nuestra alma estará hambrienta por falta de alimento. Sin un futuro no hay esperanza, y la esperanza es esencial para que nuestra alma se desarrolle. La esperanza existe solamente en el futuro, y si el futuro no existe, no hay esperanza. Nuestra mente puede imaginar un número interminable de escenarios; sin embargo, nuestra alma es bastante inflexible cuando se trata de esto. Sin esperanza hay solamente desesperación.

Un sentido de destino es lo que comienzas a experimentar cuando estás lleno de esperanza. Cada uno de nosotros está en una búsqueda de destino. Todos necesitamos creer que tenemos un futuro y una esperanza, y son dos cosas imposibles de separar. Si no crees que tienes un futuro que vale la pena vivir, tu espíritu pierde toda esperanza, y tu alma no fue diseñada para vivir sin esperanza. De hecho, cuando perdemos toda esperanza perdemos todo deseo de vivir. La esperanza nos mueve del pesimismo al optimismo.

Es imposible entrar en el corazón y la mente de una persona que ha decidido quitarse la vida. Como si el suicidio no fuera lo bastante trágico, a veces parece que los escenarios en torno a las historias hacen que sea incluso peor. Con los años he tenido muchos amigos que batallaban con pensamientos de suicidio. Para algunas personas, el contraste entre la vida que tienen y la vida que desean es más de lo que pueden soportar. Lo que me ha asombrado, sin embargo, es lo poco que a veces es necesario para que una persona cambie de idea. Uno pensaría que sería necesario algún evento que sacuda la vida para eludir algo tan definitivo como decidir cometer suicidio. No he descubierto que ese sea siempre el caso.

Conocí a una joven que decidió quitarse la vida ese día en el trabajo. Estaba caminando hacia la ventana en el rascacielos donde estaban las oficinas de la empresa, y justo antes de salir a la cornisa, alguien pasó por el pasillo y le preguntó si sabía dónde estaba la máquina de Coca-Cola. Eso fue suficiente aquel día. En lugar de señalar el camino hasta la máquina, ella acompañó a la persona y le mostró el camino. Dijo que le dio algo que hacer, algo que ella tenía que hacer, una razón para vivir.

Anna, por otro lado, era una bailarina en Los Ángeles que se había criado en un mundo de divorcio, consumo de drogas y falta de hogar. Apenas saliendo de la adolescencia, no podía verse a sí misma viviendo un día más, y fue hasta un infame lugar en Pasadena llamado "puente del suicidio". Fue allí donde decidió poner fin a su historia. No podía pensar en una razón más para vivir. En aquel momento decidió clamar a Dios una última vez, una de esas frases trilladas. "Si tienes algo que decir sobre esto, Dios, habla ahora o calla para siempre".

Ella no sabía que tenía encendido su celular. No había habido ninguna buena razón para llevarlo con ella. Nunca nadie la llamaba. Y de repente sonó: una llamada inesperada. Alguien la necesitaba, le había estado buscando, se preguntaba dónde estaba y qué estaba haciendo. ¿Cómo podía ella terminar su vida aquel día? Había algo que tenía que hacer. Alguien le necesitaba. Tenía una razón para vivir. No es necesario mucho para hacer que sigamos queriendo vivir: tan solo una pequeña esperanza.

CUANDO NO HAY FUTURO, NO HAY ESPERANZA. DONDE NO HAY ESPERANZA, NO hay razón para vivir. Solamente hay desesperación. Nuestra alma no está diseñada para la desesperación. No es ahí donde hemos de vivir. Si vivimos ahí por demasiado tiempo, nos encontraremos enfermos del alma.

Martin Luther King Jr. tuvo un sueño y lo mataron por ello.

Cuando no tenemos ningún sueño, eso nos mata.

Lo mismo sucede con la esperanza. La esperanza nos empuja hacia el futuro. Cuando consideramos que el futuro es abrumadoramente incierto, podemos ver por qué la esperanza tiene un valor tan inmenso. Sin embargo, a pesar de cuán esencial es la esperanza para la vida, vivimos en un mundo que parece decidido a arrebatarla. La esperanza es poco frecuente, pero no necesitamos gran cantidad de ella para experimentar su poder.

Cuando estamos llenos de esperanza no es porque todo en el futuro nos resulte seguro, sino porque el futuro mismo está lleno de promesas.

Al mismo tiempo, igual que la promesa de un futuro, la esperanza llega solamente desde algo que aún no tenemos, algo que aún no hemos logrado. En otras palabras, cuánto tengamos en el mundo no tiene reflejo alguno en cuánta esperanza tenemos. En realidad, todo lo que tienes ya no te califica como un conducto de esperanza. Cuando lo tienes, está fuera del ámbito de la esperanza.

Cualquier cosa que hayas recibido o experimentado ya no se califica como una fuente de esperanza. La esperanza te impulsa hacia el futuro porque viene desde ahí. Si no creyeras ya en el futuro, perderías toda esperanza. Lo extraño de todo esto es que aunque la esperanza está relacionada con el futuro, es imposible desarrollarse en el presente sin ella. Hay una sencilla razón para esto. Es exactamente como Dios nos diseñó. Tendemos a dar por hechas las cosas que son más obvias para nosotros.

Es parecido a cuando nos preocupamos por pagar las facturas, pero nunca nos preocupamos por tener aire para respirar. Pero, realmente, ¿cuál es más crítico para la vida?

NUNCA PENSAMOS EN EL HECHO DE QUE SEAMOS INCLUSO CONSCIENTES DEL futuro. ¿Realmente crees que los animales son conscientes del tiempo? Imagina que eres una libélula con un tiempo de vida de veinticuatro horas. Desde el momento en que llegaste a este mundo estarías viviendo con angustia por estar a punto de abandonarlo. Si las moscas saben lo que está sucediendo, todas deberían ser nihilistas (alguien que cree que nada importa y que la vida no tiene sentido). Ni siquiera la evolución ha sido buena con ellas. Si creen en la reencarnación, su última vida debió haber sido realmente mala. Supongamos que su único lugar para la esperanza es que las cosas realmente no pueden empeorar aún más.

Una de las distinciones claras entre nosotros y el resto de la vida creada, es que mientras que insectos, reptiles, aves, peces, anfibios e incluso mamíferos están contentos con sobrevivir, los seres humanos no nos contentamos simplemente con sobrevivir; somos impulsados a prosperar.

No es suficiente para nosotros meramente existir; somos impulsados a lograr. Este impulso ni siquiera existiría sin un concepto de tiempo. Entendemos que cada día no es un círculo recurrente de eventos estáticos. La experiencia humana no es solamente que el tiempo se mueve, sino que también nosotros nos movemos. Hemos sido creados no solo con consciencia, sino también con una necesidad de progreso.

Quizá no haya mayor prueba de que no somos el resultado al azar de un proceso evolutivo sino que, de hecho, somos las creaciones únicas de un Dios personal.

No podemos operar efectivamente sin una creencia en aquello que no existe. Y no estoy hablando de Dios. Tú crees en el mañana; crees en el progreso. Vives tu vida con una consciencia inconsciente del tiempo. La realidad del pasado, presente y futuro es un hecho dado que no se examina, y que simplemente aceptas como realidad.

Existe evidencia empírica de que el pasado existe, aunque podríamos plantear un argumento de que no es nada más que historia social y memoria cultural creadas en nuestras propias mentes para darnos el contexto desde el cual poder existir. Hay algunos que defenderían que la historia no es otra cosa que propaganda. La mayoría de nosotros aceptaríamos que la arqueología nos da prueba de un pasado.

La mayoría de nosotros estaríamos de acuerdo en que existe el presente, aunque hay aquellos que desafiarían incluso esa afirmación. Dirían que no hay nada que pueda saberse con seguridad, que todo es una ilusión.

Recuerdo que una vez estaba sentado en una reunión de líderes jóvenes, cuando el orador comenzó a preguntar si realmente había una silla roja delante de él. Afirmaba que en realidad no podía saberlo con seguridad. Lo que defendía era que todo era subjetivo. El otro día estaba jugando al baloncesto y recibí un codazo en la cara. Quizá he abandonado mis raíces filosóficas, pero aquello fue prueba suficiente para mí de que el mundo externo existe realmente.

Además, cuando paso por el McDonald's y veo un cartel que dice: "Más de mil millones servidos", tengo que preguntarme a mí mismo cómo mil millones de personas podrían intervenir en el mismo delirio mal concebido si todo estuviera simplemente en nuestras cabezas. Y justamente tras eso tengo que hacerme una pregunta más profunda: si todo esto es un espejismo, ¿por qué inventaríamos McDonald's? Ah, ¿y podríamos aumentar de tamaño esa idea?

ENTRADA 11   SE TERMINA EL TIEMPO

NO, NOS GUSTE O NO, CREO QUE SIEMPRE HAY DEMASIADA EVIDENCIA DE QUE existen el pasado y el presente, incluso en su estado actual y poco saludable. Lo asombroso, sin embargo, es que aun los empíricos más escépticos aceptarían e incluso asumirían la existencia del futuro. El futuro no existe. Aún no está ahí; está siendo creado en este preciso momento.

Sin prueba alguna, creemos en el futuro. Sí, tenemos precedentes. Sin duda tenemos evidencia anecdótica. Al final entramos en el futuro como un acto de fe, y la esperanza sigue estando ahí cuando llegamos, pero es más que eso. No solo asumimos el futuro y creemos en el futuro, sino que todos buscamos un futuro. Y aunque tal vez no creas en nada claramente religioso, se requiere fe para creer en el futuro.

¿Por qué estamos más vivos cuando perseguimos un gran sueño?

¿Por qué necesitamos una razón para vivir?

¿Por qué necesitamos sentir que en cierta manera somos únicos?

¿Por qué, cuando concluimos que nuestra vida no importa, perdemos la voluntad para vivir?

La realidad enloquecedora es que cada uno de nosotros ha sido creado con un alma que desea llegar a ser, llegar a ser algo, algo mejor, algo diferente, algo especial, algo único, algo admirado, algo valorado, algo más de lo que somos.

Al mismo tiempo, enfrentamos la realidad de nuestra propia mortalidad. Somos empujados por la eternidad y también por la brevedad. Actuamos como si fuéramos a vivir para siempre y constantemente enfrentamos la dolorosa verdad de que la vida puede terminar en cualquier momento.

Para el cumpleaños número diecisiete de mi hijo Aaron le compré ese póster de su ícono favorito: James Dean. Estoy bastante seguro de que es porque James Dean le recuerda mucho a mí. Debajo de una fotografía en blanco y negro de lo que mi hija, Mariah, ha decidido que es una fotografía de la perfección humana, están escritas estas palabras: "Sueña como si fueras a vivir para siempre. Vive como si fueras a morir hoy". Las palabras de Dean son incluso más emotivas cuando recordamos que él no vivió para celebrar su cumpleaños veinticinco.

Todos estamos persiguiendo la luz del día. Nuestras vidas no son sino un breve momento en el tiempo. Un abrir y cerrar de ojos, y ya no está. En cuanto somos plenamente conscientes de la vida, llegamos a ser plenamente conscientes de la muerte. Mientras más momentos vivimos, con mayor rapidez pasan por nuestro lado. Y si esta vida es todo lo que hay, mientras más hagamos de esta vida, más tenemos que perder cuando la abandonemos. El hecho de que todos tenemos una fecha límite no debería conducirnos a ningún otro lugar sino a la desesperación. Nos estamos quedando sin tiempo. Si eso no es sombrío, entonces no sé lo que es. Sin embargo, de alguna manera extraña incluso nuestra conciencia de la muerte puede trabajar poderosamente en nuestro favor.

Un amigo mío me presentó una película extranjera clásica hace unos años atrás, que se ha convertido en una de mis favoritas. Se titula *Chungking Express*. En una de las tramas secundarias, un hombre burlado por el amor llega a la conclusión de que todo tiene fecha de caducidad. Tomates, leche, huevos, cinta, pastillas, pasaportes, fe, esperanza, amor: todo tiene una fecha de caducidad, o al menos eso parece.

No tenemos que buscar muy lejos a personas que pensaban que el amor duraría para siempre y vieron cómo se hacía pedazos delante de sus ojos. También yo he visto en la vida que muchos de los que son más antagonistas contra la idea de fe, fueron en un momento los fieles más sinceros. Cuando la leche llega a su fecha de caducidad se vuelve agria, pero cuando nosotros llegamos al final de la esperanza, es nuestra alma la que se malogra. Hay algunas cosas que no han de caducar antes de que lo hagamos nosotros. Al mismo tiempo, la fecha de caducidad que más tememos, y que nos acecha a todos nosotros, es la de la vida misma.

Anteriormente mencioné a una persona y un orador de mis favoritos: Chip Anderson. Chip tenía una licenciatura en educación, y durante años enseñó en UCLA (Universidad de California en los Ángeles). Mediante su trabajo en psicología educativa había llegado a ser el padre de la educación basada en las fortalezas. Más de tres mil personas en Mosaic en Los Ángeles han descubierto sus fortalezas como resultado de la inversión que Chip hizo en sus vidas. Uno de sus talentos extraordinarios era ver lo mejor en las personas. Pasó toda su vida afirmando la grandeza de los demás y aplaudiéndola, incluso cuando la veía expresada en los detalles más pequeños. La última vez que habló a nuestra comunidad aquí en Los Ángeles, el título de su charla era simplemente "Todo se trata del guión".

Toma unos minutos alguna vez y encuentra el cementerio más cercano. Da un paseo por los memoriales que representan allí las vidas de incontables números de personas que vivieron antes que tú. Verás las diferentes fechas de nacimiento y de la muerte, pero todas ellas tendrán una cosa en común: el guión entre ambas. Para todo aquel que sea de fuera, nuestro guión será precisamente eso, un espacio entre la información pertinente. Pero para quienes nos conocen, el guión representa la totalidad de nuestras vidas.

Chip nos recordó que todos nacemos con una enfermedad terminal.

Se llama ser humanos. Él sabía muy bien eso. En su cuerpo estaba un cáncer violento y agresivo. Él esperaba poder tener algunos años más de vida para pasarlos con su esposa Irma y perseguir su pasión de ayudar a otros a descubrir en qué son mejores, pero al final tuvo solamente semanas. Si se tratara de deseos de vivir, él seguiría estando con nosotros. Estuvo lleno de vida hasta su último aliento, y todos tenemos un último aliento. Todos nacemos con fecha de caducidad.

ENTRADA 12   LA ÚNICA ESPERANZA DE LA DESESPERANZA

LO FASCINANTE DEL ESPÍRITU HUMANO ES QUE PODEMOS VIVIR CON UNA consciencia alerta de la muerte y no estar paralizados. De hecho, eso puede inspirarnos en realidad a vivir una vida de urgencia apasionada. Solamente cuando perdemos toda esperanza es cuando nos encontramos incapaces de avanzar. Creamos en Dios o no, ya sea que aceptemos que somos creados por Dios o no, es innegable que somos incapaces de operar eficazmente sin tener sueños. Una vez más, apenas parece importar qué sueños son.

Incluso los sueños más pequeños nos mantendrán avanzando. Ni siquiera tienen que estar arraigados en la realidad; solamente nuestra creencia en que podemos llegar allí nos mantiene inspirados. Pero cuando renunciamos a la esperanza, cuando nos permitimos a nosotros mismos interiorizar la desesperación, nos cerramos y simplemente dejamos de intentarlo. La desesperación no solamente nos lleva al lugar equivocado, sino que también nos impide avanzar.

No fuimos creados para huir de los retos, para vivir en angustia, o para ahogarnos en la desesperación.

Este no es un buen lugar para nuestra alma.

Tampoco podemos avanzar hacia el futuro cuando estamos paralizados por el temor.

A lo largo de los años he oído a muchas personas describir con condescendencia la fe como la actividad de los débiles. ¿Es posible que la razón por la que encontramos a Dios en nuestra desesperación más profunda es que es ahí cuando estamos escuchando más sinceramente? La palabra *desesperar* significa "vivir alejado de la esperanza". O también puede traducirse como "vivir sin un futuro". Nadie sabe mejor que Dios que no podemos vivir de ese modo. La desesperación es para el alma lo que el desecho tóxico es para el cuerpo. La exposición excesiva es letal. Cuando nos encontramos ocultándonos en una cueva, no debería sorprendernos que nuestra alma comience a anhelar a Dios. Lo que debería hacernos cuestionar qué está sucediendo, es que esto sucede incluso cuando no creemos en Dios.

¿Por qué la desesperación haría que una persona esté abierta a Dios?

Es inquietante cuando tu alma demanda lo que tu cerebro rechaza. Supongo que si lo piensas, si no fuera por Dios, podríamos hallarnos capaces de ahogarnos en la desesperación y pensar que ese era nuestro hábitat natural. En cambio, siempre estaremos perseguidos por este anhelo del alma, esta necesidad aparentemente irracional de esperanza. Deberíamos ser capaces de vivir perfectamente bien sin Dios y sin esperanza, pero nada de eso demuestra ser el caso. Irónicamente, cuando menos deberíamos creer incluso en la existencia de la esperanza, cuando somos más consumidos con una sensación de nuestra insignificancia, es ahí cuando más la anhelamos. No puedes darle la espalda a la esperanza y seguir adelante con la vida. Sin esperanza, tu vida puede que no llegue a su fin, pero sí se detiene.

Cuando estamos escondidos en una cueva, es cuando queremos desesperadamente que alguien nos llame a salir y nos haga creer que sigue habiendo una vida que vivir.

HACE AÑOS ATRÁS ME INTRODUJERON A LOS ESCRITOS DE VIKTOR FRANKL. Fue uno de los judíos que vivió durante la Segunda Guerra Mundial y que soportó los horrores de los campos de concentración nazis, y uno de los pocos que sobrevivió. Yo he sido profundamente afectado a nivel personal y profesional por las perspectivas que él obtuvo mediante su lucha. Su libro más famoso fue titulado originalmente *De los campos de muerte al existencialismo*. Se publicó por primera vez en Austria en 1946. Estoy en deuda con él por las lecciones que aprendió mediante la brutalidad de la opresión nazi. Aunque sus escritos están llenos de perspectiva, una observación destaca primordialmente:

La esperanza es esencial para la vida.

Frankl hace una observación poderosa diciendo que quienes aún creían que tenían algo por lograr, algo que requería que existieran en el futuro, encontraron la fortaleza para soportar lo que quienes habían perdido toda esperanza no pudieron soportar:

> "Siempre que había una oportunidad para ello, uno tenía que darles un porqué, una meta para sus vidas a fin de fortalecerlos para soportar el terrible *cómo* de su existencia. Ay de aquel que no veía más sentido en su vida, ninguna meta, ningún propósito y, por lo tanto, ninguna razón para seguir adelante. Pronto estaba perdido".

Frankl pasa a explicar, al hablar del asunto de la desesperación: "Lo realmente necesario era un cambio fundamental en nuestra actitud hacia la vida. Teníamos que aprender nosotros mismos y, además, teníamos que enseñar a los hombres desesperados *que realmente no importaba lo que esperábamos de la vida, sino más bien lo que la vida esperaba de nosotros*".

Irónicamente, la perspectiva más poderosa de Frankl probablemente fue inspirada, o al menos informada, por la observación de Nietzsche: "Quien tiene un *porqué* para vivir puede soportar casi cualquier *cómo*".

Los escritos de Frankl se convirtieron en una introducción para su desarrollo de la logoterapia, y de eso que su libro fuera retitulado *El hombre en busca de sentido*. Pero yo creo que en lugar de hacer avanzar a sus compañeros prisioneros hacia el sentido, en cambio los llevó más allá del sentido hacia el propósito.

Su desesperación fue vencida no solo dando sentido a la vida, sino también creyendo en el futuro. Después de todo, ¿cómo se podría haber dado sentido a sus vidas? ¿Cómo se da sentido al hecho de que una hermosa mañana de lunes tu familia y tú son sacados de su hogar, les arrebatan todo aquello por lo que han trabajado, los meten en un tren, y los ubican dentro de un campo de concentración donde pasarían hambre, serían torturados, deshumanizados, y quizá incluso incinerados? ¿Cómo exactamente se da sentido a todo eso? ¿Cómo evitas perder la esperanza, renunciar a la esperanza por completo?

Su resolución y resiliencia para soportar lo inimaginable salió de almas que creían que su destino no podría verse frustrado por su tragedia presente.

Esto es cierto para todos nosotros, y nos afecta en ambos extremos del espectro de la vida. Un sentido de destino nos da la fortaleza para enfrentar obstáculos y dificultades abrumadoras. Al mismo tiempo, vivir una vida con un potente sentido de propósito nos da la energía y el entusiasmo para levantarnos en la mañana y hacer frente al día. En la peor de las situaciones es cuando somos capaces de descubrir lo mejor en nosotros. Es también en esos momentos cuando somos capaces de ver con más claridad lo que es cierto, lo que es real, y lo que significa más plenamente ser humanos.

HE LLEGADO A AMAR ESA PALABRA: *HUMANO*. ME REFIERO A QUE LA HUMANIDAD puede ser un lugar bastante lúgubre donde vivir, pero cuando comenzamos a ver de lo que somos capaces realmente, nuestro potencial para el bien, eso puede ser asombroso. Durante los últimos dos mil años el cristianismo, junto con casi todas las otras religiones mundiales, ha hecho que el enfoque principal sea la naturaleza pecadora de todos nosotros. En algunos aspectos creo que eso ha conducido a un odio a nosotros mismos no tan sutil.

Hace varios años atrás llegó a mi oficina un cineasta que tenía muchos deseos de enseñarme una proyección privada de su película. La historia se trataba de un par de ángeles que batallaban con el bien y el mal. Uno de ellos escogió el camino del bien y siguió siendo un ángel; el otro escogió un camino oscuro y, como castigo, se convirtió en un humano. Estaba filmada de modo hermoso; era visualmente asombrosa; incluso la historia era cautivadora.

Pero su perspectiva de lo que significa ser humano era trágica. Ser humano era un castigo. Ser humano es lo que les sucede a los ángeles caídos. Creo que cada vez más de nosotros vemos la humanidad de ese modo. De hecho, es un regalo ser humano.

La imagen hebrea es que fuimos creados del aliento de Dios. Somos los productos de un beso divino. Cuando el profeta hebreo Ezequiel habló del cambio que era necesario en el corazón humano, simplemente dijo que Dios quitaría nuestro corazón de piedra y nos daría un corazón de carne. En otras palabras, lo único que Dios va a hacer es volvernos una vez más verdaderamente humanos, o quizá plenamente humanos. Cuando vivimos por debajo de nuestra humanidad, nos volvemos inhumanos. Cuando vivimos vidas genuinamente humanas, nos convertimos en reflejos translúcidos de la divinidad.

Creo que muchos de nosotros acudimos a la reencarnación con la esperanza de que algún día podríamos escapar a la maldición de ser humanos. Algunos de nosotros incluso esperamos que algún día los seres humanos podríamos realmente convertirnos en dioses. La Iglesia de Jesucristo de los Santos de los Últimos Días, conocida también como los mormones, sostiene esto como la mejor esperanza de la humanidad. Si tú eres mormón y varón, te convertirás en una deidad como Jesús, y en algún punto futuro reinarás como un ser divino. ¡Esas sí que son visiones de grandeza! Estamos de nuevo con Leonardo di Caprio en la popa del Titanic. A mí me parece bastante claro que nunca llegaremos a ser dioses, y creo que en algún lugar en lo profundo de nuestro ser, todos sospechamos eso mismo.

La buena noticia es que no tenemos que llegar a ser dioses para llegar a ser algo digno de amar, digno de respetar, digno de valorar. No permitas que tus defectos y errores te convenzan de que necesitas llegar a ser otra cosa distinta a un ser humano. Nuestro quebranto es prueba de que Dios no podría amarnos o que no nos amaría, sino prueba de que lo que necesitamos es al Dios que nos creó y nos ama. Lo que nuestra alma anhela llegar a ser, no es otra cosa distinta a humana, sino llegar a ser hermosamente humana.

ENTRADA 15   UNA RAZÓN PARA VIVIR

VIKTOR FRANKL DESCUBRIÓ QUE SE DESATA LA FORTALEZA EN NUESTRO interior cuando estamos convencidos de que nuestra vida tiene un propósito que aún ha de cumplirse. Esta realidad queda agrandada cuando escogemos un propósito más allá de nosotros mismos. Cuando comenzamos a entregarnos a una causa o a un propósito mayor que nosotros, eso nos cambia; nos hace mejores. Cuando soñamos con un mundo mejor, nos convertimos en mejores personas. Cuando nos entregamos para el bien del mundo, descubrimos que hacerlo trae a nosotros todo un mundo de bien. No estamos desconectados por el destino que perseguimos.

Incluso si nunca logramos nuestros sueños, somos siempre moldeados por esos sueños, y mientras más elevado sea el propósito, más fuerte es la persona.

Hace tan solo unos meses atrás mi familia y yo estábamos cenando en P.F. Chang's en Pasadena con uno de los hombres de nuestra comunidad llamado Peter y su familia. Solamente te tomaría unos pocos minutos darte cuenta de que él era diferente a la mayoría de los varones de veintidós años de edad. Sus padres eran trabajadores humanitarios que habían decidido vivir en países en desarrollo. Él había viajado un año antes a Indonesia con mi esposa Kim y un equipo educativo que trabajaba con educadores musulmanes, aunque el equipo estadounidense no se adhería al islam. Podría parecer poco ortodoxo que un grupo de cristianos devotos estuviera trabajando con un grupo de musulmanes devotos con el propósito de ayudar a los niños en Indonesia a recibir una mejor educación y, a su vez, tener una vida mejor. El enfoque del viaje era ayudar a los maestros a pasar de un proceso que se enfoca en la estandarización y repetición, a un modelo de aprendizaje que hace hincapié en la creatividad y la singularidad.

Este viaje pareció confirmar a Peter que, para él, regresar a Los Ángeles y disfrutar de la bonita vida de la Costa Oeste podría ser un lujo solamente de corto plazo. Hace tan solo unos meses atrás empacó sus maletas y se preparó para mudarse a Aceh, en Indonesia. Su intención era trabajar con una ONG (organización sin fines de lucro) con el propósito de reconstruir la comunidad de Kedu.

Días después de su llegada le picó un mosquito, lo cual, a propósito, sucede mucho en Indonesia. El mosquito claramente tenía una filosofía de tomar un poco y dar un poco. Tomó un poco de sangre y le dio a Peter la fiebre del dengue. Antes de que pudiera darse cuenta, estaba en un hospital batallando por su vida. Junto con un ataque brutal al sistema respiratorio, artículos médicos dicen que dos meses de desaliento y depresión pueden permanecer tras haber tenido la fiebre del dengue.

En este momento, muchos de nosotros nos detendríamos y nos plantearíamos algunas preguntas muy serias. ¿Qué estoy haciendo en Yakarta en lugar de estar en Laguna Beach? Imagina si añadieras a tu confusión que sentías que tenías una tarea divina de servir a las personas en Aceh. ¿Quién podría culpar a Peter si en el momento en que encontró la fortaleza para levantarse de la cama de ese hospital decidiera tomar el primer avión de regreso a casa? Hay muchos mosquitos en Indonesia y muchos bikinis en Laguna. No solo tendría sentido, sino que sería mucho más fácil sencillamente regresar y volver a pensar en todo el asunto; pero no para Peter. No lo habían educado para pensar de ese modo. Su vida no se trataba solamente de él mismo.

Él tenía una contribución que hacer, y hasta que diera su último aliento, iba a hacerla.

Esta semana supe que Peter salvó a dos muchachas de ahogarse en las aguas de Bali, lo cual no fue tan sorprendente cuando uno considera que solamente la semana anterior él había rescatado a un hombre de ahogarse en las aguas en Aceh. Quizá es posible salvar al mundo persona a persona. Como mínimo, te salvarás a ti mismo. Habría sido fácil y razonable para Peter renunciar al futuro que había imaginado para sí mismo cuando estaba tumbado en un hospital peleando por su vida.

Pero si Peter hubiera renunciado al futuro que había agarrado su alma, ¿habría tenido la fortaleza de vencer al veneno que había agarrado su cuerpo?

Peter aún tenía algo que hacer, aún tenía algo que lograr.

Tenía una razón para vivir.

Lo sorprendente es que su muerte habría dado como resultado las muertes de otras personas, pero su vida y su negativa a abandonar significaron que otros vivieran. Debido a que Peter no renunció a su futuro, hay al menos tres personas que ahora tienen uno propio.

LA VIDA QUE ES MÁS PODEROSAMENTE VIVIDA, ES LA QUE ENCUENTRA UNA urgencia apasionada y alimentada por un sentido de destino. Debemos llegar a ser. Esto es algo que necesitamos y algo que anhelamos.

Uno de los Proverbios más citados de Salomón es que sin visión el pueblo se perderá.[5] Él también dijo que la esperanza que se demora enferma el corazón.[6] Parece estar diciéndonos que necesitamos tener un sueño que persigamos, y al mismo tiempo experimentemos lo suficiente de ese sueño para mantenernos inspirados.

Necesitamos aspirar y también lograr. Sin una visión para tu vida, si un sentido de propósito, comenzarás a morir una muerte lenta.

Al mismo tiempo, si la esperanza parece solamente una ilusión, si renuncias a la esperanza, entonces tu corazón y tu alma se enfermarán. No solo es esencial mantener viva la esperanza; es la esperanza la que nos mantiene con vida.

La esperanza es el combustible mediante el cual creamos el futuro.

Cuando renuncias a la esperanza, te quedas paralizado en el presente y comienzas a vivir en el pasado.

Si no estás mirando hacia el futuro, entonces no tienes uno.

---

5. Ver Proverbios 29:18.
6. Ver Proverbios 13:12.

La generación de los *Baby Boomers* parece haber perfeccionado el fenómeno cultural descrito como crisis de la mediana edad. El escenario clásico es que cumples los cuarenta años, y de repente comienzas a reconsiderarlo todo. Comenzarás teniendo esa sensación abrumadora de que has desperdiciado tu vida y que no llegarás a cumplir tu pleno potencial.

En realidad hay solamente dos escenarios que conducen a la crisis de la mediana edad.

En primer lugar, has entregado toda tu vida a perseguir ciertas metas y sueños. Lo has sacrificado todo para llegar hasta ahí, quizá incluso tu matrimonio y tus hijos. Has puesto todo sobre el altar del éxito. Ahora te acercas a los cuarenta, y te das cuenta de que has dado todo lo que tienes y aún así sigues quedándote corto con respecto a tus sueños, metas y ambiciones. Así que sientes pánico. Te encuentras en medio de una crisis vital.

El segundo escenario es exactamente como el primero, a excepción de una diferencia. Cuando cumples los cuarenta te das cuenta de que llegaste allí; lograste todo lo que te habías propuesto hacer. Estabas muy seguro de que valdría la pena el sacrificio. Incluso cuando dejaste atrás a personas, te dijiste a ti mismo que era necesario para cumplir la misión. Mantente enfocado. No te distraigas. Gana a toda costa. Y ahí eras un éxito.

Has llegado a ser la imagen perfecta del logro sin satisfacción. Lo tienes todo, y estás vacío. Todo llegó a ser nada.

Por lo tanto, te encuentras en medio de una crisis preguntándote si eso es todo lo que hay, preguntándote a ti mismo, quizá por primera vez: ¿hay algo por lo que valga la pena vivir?

A veces, esta crisis se resuelve pasando del éxito al sentido. Hemos sobrepasado el éxito, y ahora sabemos que no se trata de eso. Hemos crecido. Queremos tener sentido. Queremos marcar una diferencia, hacer que nuestra vida cuente. Esperamos que no sea demasiado tarde. Cada día estamos un paso más cerca de la muerte y mucho más lejos del nacimiento.

Así que redefinimos nuestros valores, reorganizamos nuestras prioridades, y una vez más comenzamos nuestra búsqueda de un futuro.

Aunque tenemos una nueva brújula, aún seguimos esencialmente en el mismo viaje, intentando llegar a ser algo que valga la pena recordar, intentando ser alguien a quien valga la pena admirar, intentando, ah, intentando tan desesperadamente llegar a ser alguien. Nosotros los humanos somos criaturas extrañas. Nos esforzamos por el éxito, buscamos sentido, buscamos propósito, y soñamos con nuestro destino.

¿Por qué lo necesitamos? ¿Es que no deberíamos ser capaces de vivir sin él?

A LO LARGO DE LOS AÑOS ME HAN PEDIDO QUE HABLE EN CONFERENCIAS SOBRE este mismo tema. Cada vez, en medio del discurso, le pedía a uno de los oradores más conocidos que me acompañara y me ayudara durante un momento. Intentaba escoger a alguien a quien las personas vean como un símbolo de éxito. Alguien que, en un momento de transparencia, las personas en la audiencia confesaran que querían parecerse a él. Comenzaba una entrevista y explicaba que las únicas reglas eran que la persona tendría que ser sincera. El diálogo se desarrollaría de modo parecido a lo siguiente:

> "Elvis, es muy bueno tenerte aquí hoy. Quiero hacerte un par de preguntas personales. ¿Te parece bien?".
>
> "Claro, está bien".
>
> "Lo que necesito de ti es que seas totalmente sincero, ¿está bien?".
>
> "Claro que sí".
>
> "Eres un hombre bastante exitoso, y todos aquí te admiran. Muchas personas preferirían pasar sus vidas imitándote que realmente encontrando su propia voz única".
>
> "Eso es cierto. Viva Las Vegas".
>
> "Elvis, ¿ha habido alguna vez en la que te has sentido insignificante?".
>
> (*Larga pausa*). "Sí".

"Entonces, ¿ha habido un momento en tu vida cuando, incluso, con todo tu éxito, te has preguntado si tu vida tenía algún valor, cualquier sentido genuino? A pesar de todo tu éxito, ¿esas inseguridades te han perseguido? En otras palabras, ¿no eres nada más que un sabueso?".

"Es correcto".

"¿Cómo pudiste sobreponerte a esos momentos?".

Sin mencionar el alcohol o las medicinas con receta, él responde: "Amor. Personas que me rodean, Priscilla, ya sabes, las personas que se interesan por mí me ayudaron en esos momentos".

"¿Y qué te dijeron?".

"Verás... que yo soy el Rey".

"En otras palabras, ¿que tu vida tiene sentido, que tiene valor, que eres importante?".

"Exactamente".

"Bueno, Elvis, yo realizo consejería, no con frecuencia, sino ocasionalmente, y me gustaría ayudarte con esto. ¿Conoces ese momento en que te sentías insignificante, ese momento en que te preguntabas si tenías algún valor, si tu vida realmente tenía algún sentido? Ese fue el momento más sincero que tuviste jamás, porque eres insignificante. Eres solamente una mota de polvo en el telón del cosmos. Eres una tragedia de la evolución, un mosquito con consciencia de ti mismo que se dirige derecho hacia el parabrisas de la inevitabilidad. Todo lo que el futuro tiene para ti es un ¡plaf! y después se ha terminado".

"Sé lo que estás pensando, pero mira todo lo que has hecho. Eres el rey de Graceland, el rey del *rock and roll*, el rey de las piedras de imitación. ¿Y qué de todas las personas que te dicen que eres tan importante? Eso se debe a que todos vivimos juntos en este espejismo. Si tú no tienes sentido, entonces ¿qué somos nosotros? Afirmamos que tú eres importante con la esperanza de serlo nosotros también; pero todos somos engañados por la misma droga. Si todos recuperáramos la cordura, si pudiéramos recuperar la sobriedad, veríamos la verdad: nacemos, hacemos *rock* y después morimos. Bienvenido a mi propia versión de la terapia de realidad. Por lo tanto, Elvis, ¿cómo te sientes?".

"No muy bien".

"Ah, y a propósito, todo lo que acabo de decir es absolutamente cierto si no hay Dios".

Quizá no puedes demostrar a Dios en un tubo de ensayo, pero puedes encontrarlo en tu alma. Cuando Él no está, puedes sentirlo en tus entrañas.

ENTRADA 18 IMPULSADO, DESTINADO Y DECIDIDO A CAMBIAR

SI NO HUBIERA DIOS, SERÍA INÚTIL PARA NOSOTROS BUSCAR SENTIDO O TENER ambición de éxito. Nuestra necesidad de llegar a ser nos señala al lugar de donde hemos venido. La razón por la cual batallamos con la insignificancia, la razón por la que peleamos por lograr algo, la razón por la cual aspiramos, soñamos y nos arriesgamos, es que Dios nos creó con una necesidad intrínseca de llegar a ser.

Esto que nos persigue, que nunca parece quedar satisfecho, los anhelos en tu alma que eres incapaz de saciar mediante todo el éxito que el mundo puede proveer, esto es tu alma que grita buscando a Dios.

Solamente Dios puede llevarte al lugar a donde naciste para ir. Hay muchos caminos que puedes escoger, pero una senda te escoge a ti.

Un fenómeno universal que he descubierto cada vez que he tenido esta conversación, es la reacción de quienes escuchan. En el momento en que le digo a un personaje que es insignificante, se puede sentir en la sala. La multitud siente que he hecho algo impensable, algo incluso inmoral. Tal vez lo sentiste hace un minuto: algo en tu interior se encogió y una voz en tu cabeza dijo: *Espera un momento; esto está mal.* Lo más probable es que ya hayas entendido el hecho de que yo nunca tuve realmente una conversación con Elvis, pero incluso eso no tuvo importancia.

Algo dentro de ti te dice que está mal decirle a otro ser humano que no es nada.

Pero de nuevo, la pregunta requiere que se plantee: si no hay Dios, si estamos simplemente vagando por el tiempo y el espacio, si en realidad no vamos a ninguna parte, si no hay ningún progreso, ¿por qué debería importar y por qué debería importarnos? Si esa es la verdad, ¿no es mejor para todos nosotros lidiar con ello, enfrentarnos cara a cara con esta dura realidad? Incluso si estamos en el extremo más alejado de la línea continua con Dios al otro lado, eso no cambia nada en absoluto.

Ateo, agnóstico, existencialista, humanista, budista, musulmán, hindú, cristiano: todos necesitamos creer que de algún modo nuestras vidas importan.

Hay una razón para nuestra existencia, una razón para vivir, y si no podemos encontrarla sencillamente la inventaremos. Y si nos falta imaginación, entonces nos medicaremos nosotros mismos, nos sedaremos a nosotros mismos, nos embriagaremos, satisfaremos nuestros caprichos, nos engañaremos a nosotros mismos, o simplemente llegaremos hasta el final de nosotros mismos. Sin una razón para vivir, ni siquiera tenemos una razón para levantarnos de la cama.

Uno de mis amigos me decía que los koalas duermen veintidós horas al día y están despiertos tan solo el tiempo suficiente para comer y evacuar. A propósito, ellos viven bastante tiempo en un estado de embriaguez, viviendo solamente de los eucaliptos. He tenido amigos que son así. ¿Acaso no sería eso más fácil? No, tenemos que estar impulsados para lograr algo, lo cual es lo sorprendente acerca del éxito y el significado. Que nos metan a cien de nosotros en una habitación, y se nos ocurrirán cien definiciones diferentes de lo que es el éxito y lo que hace que una persona tenga sentido.

El único tema unificador será que todos lo anhelamos y vivimos para ello. Algunos de nosotros nos hemos frustrado por nuestra incapacidad de alcanzar los sueños que nos persiguen. A algunos de nosotros nos disgusta nuestra propia disposición a descartar todo lo que es importante para nosotros y conformarnos con algo de mucho menos valor. En cualquiera de los casos, nos encontramos renunciando a nuestros sueños.

Pero algunas veces llegamos más lejos que eso. Dejamos de creer en el progreso, y entonces nos convertimos en el enemigo de la esperanza. Avanzamos hacia convertirnos en cínicos, pesimistas y nihilistas. Y cuando estás en esta lista, no solo no crees en nada, sino que rápidamente comienzas a no tener nada hacia lo cual mirar con expectativa.

Estaba viendo el repaso en el programa semanal en HBO *Inside the NFL* (Dentro de la Liga Nacional de Fútbol, por sus siglas en inglés) para obtener mi dosis semanal de adrenalina, y tenían en el micrófono al quarterback novato de los Chicago Bears: Kyle Orton. Él llevaba una racha increíble de victorias, y sin embargo seguía habiendo muchas preguntas sobre si su juego era lo bastante fuerte para mantener su empleo cuando comenzaron los play-offs. Los Bears una vez más estaban a punto de ganar otro partido donde la defensa los recuperó. Orton corre hacia la banda lleno de entusiasmo, comienza a charlar con quien parece ser un defensa ofensivo, y dice sin explicación: "Yo soy un nihilista. No creo en nada". Eso, evidentemente, eran buenas noticias.

Incluso entonces no es que no tengamos una meta, un sueño, o un sentido de destino. Simplemente lo hemos invertido. Nuestra misión es ahora detener el progreso: poner fin al optimismo vacío y al idealismo necio. El peligro, sin duda, es que cualquier cosa que decidamos llegar a ser es lo que comenzaremos a llamar a otros.

Recuerda: Thoreau no se limitó a ir a Walden; nos llamó a todos a ir allí con él.

Nuestra necesidad de llegar a ser está conectada íntimamente con nuestra necesidad de crear. No puedes participar en el futuro sin activar tu naturaleza creativa. Mientras más proactivo llegues a ser a la hora de perseguir tu destino, más responsabilidad tomarás de tu vida. Cuando decides llegar a ser, te conviertes en un enemigo del *statu quo*. Llegar a ser es cambiar y producir cambio.

DAMOS POR HECHAS LAS CARACTERÍSTICAS DE LLEGAR A SER, PERO REALMENTE es algo bastante único de ser humano. Lo natural para nosotros no es natural para todo lo demás que respira. Las gacelas no son impulsadas a perseguir una vida mejor; los leones no están tumbados por ahí contemplando su destino personal; e incluso aunque las mamás gallinas tienen un instinto de proteger a sus polluelos, no se sienten impulsadas a crear un mundo mejor. Esto es algo que es únicamente humano. Cierto, hay algunos individuos que han permitido que sus almas sean consumidas por la parte de nosotros que es más corrupta y destructiva.

La mayoría de nosotros, sin importar cuánto hayamos metido la pata en nuestra vida, queremos crear una vida mejor para nosotros mismos y para nuestros seres queridos. Si tenemos el privilegio de vivir nuestra vida libre de la lucha por la supervivencia, este instinto en nuestro interior comienza a llevar nuestro enfoque al mundo en general. De algún modo sabemos que hemos de ser conductos del bien. Hemos de hacer del mundo un lugar mejor. Sí, cuando conectamos con Dios, comenzamos a interesarnos más profundamente por el mundo que nos rodea. Pero estoy convencido de que es algo más que eso.

Incluso cuando no creemos en Dios, algo en nuestro interior nos llama a ser humanos. ¿No es eso realmente el núcleo del humanismo, intentar encontrar una justificación para nuestra necesidad de vivir de modo distinto al resto del reino animal? En cierto modo sabemos que no ha de ser un mundo que es una selva cruel. Si todo es evolutivo, entonces deberíamos estar motivados solamente por la supervivencia del más fuerte. Aunque algunos deciden que ese es el modo en que debiera ser el mundo, la mayoría de nosotros sabemos instintivamente que hay algo muy equivocado en ese pensamiento. No sabemos por qué, y sin Dios ciertamente no tenemos una justificación para ello, pero nos sentimos impulsados a interesarnos por los demás. Cuando vemos o experimentamos el sufrimiento de otros, eso nos impulsa a hacer algo. Si lo ignoramos, si tan solo nos alejamos y decidimos que no es nuestro problema, eso abrasa nuestra conciencia y sabemos en lo profundo de nuestro ser que algo ha ido terriblemente mal.

Cuando el huracán Katrina golpeó la Costa del Golfo, tragándose las playas de Luisiana (Mississippi) y Alabama, quienes estamos aquí en Los Ángeles nos sentimos impulsados a ayudar a quienes quedaron devastados. Un gran número de evacuados fueron enviados a Houston, así que decidimos hacer del Astrodome (un estadio con cúpula en Texas) el enfoque de nuestro esfuerzo. En nuestras reuniones de fin de semana, yo simplemente hice que las personas fueran conscientes de que queríamos hacer algo como comunidad. Los alenté a seguir haciendo donaciones a la Cruz Roja y otras organizaciones fiables, pero también les pedí que consideraran ir y apoyar a un equipo que tomaría tiempo libre del trabajo y serviría en el lugar. Les dije que era totalmente esencial que quienes se identificaban a sí mismos como cristianos, intervinieran en un momento como ese. Yo sabía que nuestra comunidad se interesaba; solamente necesitábamos hacer que fuera algo práctico. Más de cuarenta personas se ofrecieron voluntarias, y rápidamente reunimos unos 25 000 dólares. Terminamos enviando un equipo de veintiuna personas.

Más adelante tuvimos al equipo en nuestra casa, y simplemente escuchamos mientras ellos compartían sus historias. Todos ellos habían sido afectados profundamente por su experiencia. Todos estaban profundamente conmovidos por la oportunidad de conectar sus vidas con las de quienes habían perdido tanto. Nuestro equipo era como una coalición internacional: estadounidenses cuyos trasfondos eran de descendencia africana, asiática, latina y europea. Ellos eran un pequeño microcosmos del mundo que se une. A pesar de todos sus distintos trasfondos, tenían una ambición común: dar de sus vidas para ayudar a completos desconocidos y hacer todo lo que pudieran para ayudarlos a encontrar una vida mejor. Desde luego, el punto de todo esto es: ¿por qué deberían interesarse? ¿Qué hay en nosotros que necesita compulsivamente hacer del mundo un lugar mejor? Eso no es muy darwiniano por nuestra parte.

Uno de los miembros del equipo, Charity Marquis, envió sus reflexiones en un correo electrónico. Estos son algunos de sus pensamientos:

> Estoy de regreso de Houston y fue un viaje increíblemente difícil. Las personas a las que tuve el privilegio de servir han pasado por una experiencia que es inimaginable. Su tristeza tan solo está comenzando. Al encontrar nuevos lugares donde vivir, las familias se están desgarrando aún más.
>
> Cuando llegó el agua a las calles de Nueva Orleáns... literalmente se desató el infierno en esa ciudad. Se abrieron las cárceles para los prisioneros, pandillas salieron a devastar, y el espíritu de muerte estaba por todas partes. La violencia y las atrocidades que tuvieron lugar en el Superdome (centro deportivo en Nueva Orleans) son incomprensibles. Todo esto sucedió en los Estados Unidos de América

mientras nosotros lo veíamos desarrollarse en televisión. Nueva Orleáns se convirtió en una zona de guerra.

Tras esta experiencia no puedo NO pensar en ello. Ya no puedo fingir que todo va bien porque NO es así. Mis ojos fueron abiertos a esta realidad y ahora tengo que pensar en qué hacer al respecto.

Mientras que el correo de Charity está lleno de problemas importantes que hay que abordar, hay solamente una parte que quiero traer a un primer plano aquí: *"Mis ojos fueron abiertos a esta realidad y ahora tengo que pensar en qué hacer al respecto"*.

¿Por qué? ¿Qué hay en el interior del espíritu humano que nos dice que hay que hacer algo?

¿Por qué no podemos sencillamente dejar las cosas como están? ¿Por qué deberíamos interesarnos por alguien cuando no hay beneficio para nosotros? ¿Por qué debería movernos de algún modo el sufrimiento, la tragedia, la pobreza o la injusticia? Realmente es sencillo: porque somos humanos, y humanos creados a imagen de Dios. Porque dentro de todos nosotros hay una necesidad intrínseca de progreso. Dentro de todos nosotros está la necesidad de creer que todas las cosas mejorarán. Nosotros mejoraremos. Nuestras vidas mejorarán. Incluso el mundo mejorará. ¿Acaso no espera la paz mundial toda reina de la belleza?

A menos que hayas sido gravemente insensible, hay algo en tu interior que te impulsa a hacer del mundo un lugar mejor, o algo que te hace sentir culpable por no estar haciendo nada al respecto. Estás diseñado para lograr cosas. Tu alma no puede vivir sin progreso. Somos insensibles porque hemos perdido la esperanza. Si te identificas con esto, recuerda un tiempo en el que creías en tu futuro. Hubo un tiempo en el que anhelabas marcar una diferencia.

Lo que nos retiene es que no podemos hacer del mundo un lugar mejor si nosotros mismos no estamos avanzando hacia un lugar mejor. Fue Gandhi quien nos imploró que llegáramos a ser el cambio que buscamos. Estoy totalmente de acuerdo. Supongo que la pregunta es: ¿cómo?

QUIZÁ NADIE HA EXPRESADO CON PALABRAS NUESTRO ANHELO DE MARCAR una diferencia de modo más apropiado que J. D. Salinger en su clásico *The Catcher in the Rye* (*El guardián entre el centeno*).

En palabras de Holden Caulfield, que es un estudioso del cinismo y la falta de sentido:

> De todos modos, sigo imaginando a todos estos pequeños jugando a algún juego en este gran campo de centeno. Miles de niños pequeños, y nadie por allí (me refiero a alguien adulto), excepto yo. Y estoy de pie al borde de algún loco precipicio. Lo que tengo que hacer es que tengo que agarrar a cada uno si comienzan a saltar por el precipicio; me refiero a que si van corriendo y no miran a dónde van, yo tengo que salir de alguna parte y *agarrarlos*. Eso es todo lo que hago todo el día. Sería el guardián entre el centeno. Sé que es una locura, pero eso es lo único que en realidad me gustaría ser.

Todos nosotros tenemos un anhelo profundamente arraigado no solo de que nuestras vidas sean diferentes, sino también de marcar una diferencia en las vidas de otros. Somos creados con una necesidad de tener esperanza y de darla. Cuando nos volvemos insensibles, ignoramos la voz para agarrar a quienes se están cayendo por el precipicio, pero sigue estando ahí dentro de nosotros y nos persigue. E incluso cuando sabemos que debería hacerse algo, tan solo esperamos que alguien lo haga.

Sí, es posible atenuar tu alma, pero no silenciarla. Mientras más nos alejamos de Dios, más probable será que realmente renunciemos al progreso. Una evaluación superficial te llevaría a concluir exactamente lo contrario, que la religión dada es con frecuencia la enemiga del progreso, pero Dios nunca lo es. Cuando dejamos de creer que el mundo puede convertirse en un lugar mejor, cuando dejamos de interesarnos por las vidas y las condiciones de otros, perdemos una parte de nosotros mismos.

Dios nos creó para el progreso. Su intención para nosotros fue siempre que fuéramos conductos del bien. Podemos aislarnos de los problemas del mundo, pero al hacerlo nos volvemos menos que humanos. Cuando nos entregamos a crear un futuro mejor, cuando decidimos convertirnos en instrumentos de cambio, cuando nos negamos a aceptar el *statu quo* y nos comprometemos a hacer del mundo un lugar mejor, algo se identifica en nuestro interior. Está más allá de la razón. Es algo mucho más profundo que eso. En cierto modo sabemos que eso es correcto. Satisface algo en lo profundo de tu ser. Es como si tu alma hubiera estado anhelando y tú no supieras qué. Y ahí estaba. Tu alma tenía hambre de esperanza; no solo de tenerla, sino también de darla.

Este es el misterio del espíritu humano: que Dios nunca quiso que viviéramos vidas sin esperanza. Cuando tratamos el futuro como algo que nos sucede, nos volvemos pasivos, apáticos, e incluso paralizados. Cuando aceptamos nuestro lugar único en la creación, cuando creemos que Dios nos ha creado para crear, eso comienza a cambiarlo todo para nosotros. No solo nos empodera para vivir, sino que también nos hace responsables de la vida. No solo de nuestra vida, sino también de las vidas de todo aquel a quien podemos afectar para bien.

Vivir una vida sin sentido es vivir una vida insatisfactoria. No estás formado para renunciar a la vida. La mejor evidencia de que tu alma anhela un destino es que cuando ya no crees que fuiste creado con un propósito y para un propósito, tu alma nunca está satisfecha con la vida que tienes. No puedes tener suficiente, ganar lo suficiente, o comprar lo suficiente para amortizarla. Tu desgracia te posee.

A propósito, el nombre de Charity (Caridad) es la versión en Inglés Medio (inglés autorizado entre 1150 y 1470) de la palabra *amor*, lo cual es un recordatorio estupendo de que cuando una persona entrega su corazón a Dios, se le da un corazón para el mundo. Para ir más allá del sentimiento, para ir más allá de la compasión, tienes que creer que es correcto actuar, que fuiste creado para producir un cambio. Si Jesús no fue ninguna otra cosa, sí que fue un activista del cambio. Ser un seguidor de Cristo es creer que la vida de todos puede ser diferente. Nadie es definido por el estatus del nacimiento. Nuestro destino no está limitado a nuestro «pedigrí». Todo ser humano es de igual valor para Dios. Nadie debe seguir siendo un prisionero de la suerte.

ENTRADA 21   UN NUEVO COMIENZO HACIA UN CALLEJÓN SIN SALIDA

ME PRESENTARON LA REENCARNACIÓN A UNA TIERNA EDAD, PERO FUE LA versión occidental. Verás, la que te dice que fuiste alguien famoso en una vida anterior y que tu próxima vida solamente mejora desde ahí. La reencarnación era la versión espiritual de una montaña rusa: era un viaje loco y divertido. La mayoría de los occidentales que creen en la reencarnación la ven como un regalo en lugar de una maldición. Yo ya no puedo verla así. Comencé a ver las cosas de modo diferente mucho antes de recorrer las calles de Delhi, pero sin duda el tiempo que pasé en India, Tailandia y Camboya me ha ayudado a ver por qué el camino de Jesús es mucho más poderoso y empoderador.

Una persona que honre genuinamente las enseñanzas de Buda o las creencias que tienen los hindúes devotos, entiende que la reencarnación es un ciclo que debe ser roto o al menos completado. Ser reencarnado no es un regalo, sino una declaración de que aún no has vivido tu vida lo bastante bien. El regalo supremo en el budismo es completar el ciclo y pasar a la nada, al final de ti. Una parte de este proceso es el final de todo deseo. Esta es una de las razones por la que la reencarnación ya no es aceptable para mí.

Para mí, las enseñanzas de Jesús son mucho más convincentes y me identifico más profundamente. En la perspectiva oriental de la humanidad, no somos distintos a una rata, un perro o una cucaracha. Todos somos almas en tránsito, anhelando la liberación de la consciencia de uno mismo para llegar a ser parte de una nada cósmica. Una vaca sería considerada más sagrada que cualquier humano. Si naciste como intocable, eso es lo que serás durante toda esta vida. No hay esperanza alguna de progreso; no hay oportunidad alguna para el cambio. Es erróneo que hagas guerra contra el estatus en el cual naciste. Todo se trata de karma y dharma.

Mientras que muchos de nosotros en el mundo occidental hemos puesto mucho enfoque en el apartheid de Sudáfrica, el sistema de castas de India, que mantiene a las personas atrapadas en la pobreza, ha sido prácticamente pasado por alto e ignorado. Algunas veces he descubierto que soy tentado a intentar dar glamour a la pobreza afirmando que las personas golpeadas por la pobreza están más satisfechas que todos nosotros que estamos atrapados en el materialismo, pero lo cierto es que ellos son ignorados y no tienen esperanza, y estamos permitiendo una tragedia humana. En este sistema, la única esperanza de una persona es vivir esta vida de modo que las cosas podrían cambiar en la siguiente. En otras palabras, si una persona nace equivocadamente, su única esperanza está en el ciclo siguiente.

Jesús ofrece algo bastante distinto. Si sabes en tu interior que hay algo quebrado, que falta algo, que hay algo que necesita ser cambiado, no tienes que esperar para que eso comience a tener lugar en tu vida. En una frase de la que con frecuencia se ha abusado y se ha entendido mal, Jesús promete que puedes "nacer de nuevo": recibir un nuevo comienzo en esta vida. Qué posibilidad tan asombrosa poder comenzar de nuevo en esta vida.

Al mismo tiempo, la reencarnación no hace distinción alguna entre un humano y un insecto. Es curioso cuántas veces el cristianismo es considerado más crítico y menos perdonador que el budismo o el hinduismo. Sin embargo, pasamos por alto el hecho de que este sistema de creencias acepta sin parpadear que miles de millones de almas en este momento viven en el estado de ser cucarachas. Si esto es cierto, hay más de nosotros que somos ratas de alcantarilla en Manhattan que agentes de Bolsa.

No te apresures demasiado en estar de acuerdo.

Las enseñanzas de Jesús son drásticamente diferentes en esta área también. Existe una clara distinción entre la singularidad de un ser humano y el resto de todas las cosas creadas. Tú no eres igual que un perro. Sé que esta no es una perspectiva particularmente popular. La cultura popular ha pasado rápidamente a ver a los animales no solo como iguales a los humanos, sino también de un valor mayor. Ya no somos dueños de perros, sino padres de mascotas. Cualquiera que sea tu perspectiva sobre la decisión, deberías detenerte y plantearte la pregunta: ¿Por qué hemos llegado a valorar un huevo de tortuga marina más que un feto humano?

La perspectiva hebrea del espíritu humano es de singularidad. Desde el principio mismo la Biblia define la creación del hombre y la mujer como un acto distintivo de Dios. Solamente tú fuiste creado a imagen y semejanza de Dios. Aunque toda la creación ha de ser valorada, aunque todo lo que respira ha de ser tratado con respeto, aunque la tierra misma es una administración sagrada, todo no es igual. Tú no eres igual. Tú eres humano. Se te ha dado una vida, y eso se traduce en eternidad.

IRÓNICAMENTE, PRECISAMENTE UNA DE LAS COSAS QUE DEBERÍAN ATRAER a las personas a Dios en realidad los ha alejado del cristianismo. Durante los últimos dos mil años la religión cristiana ha abdicado su perspectiva única del individuo y se ha puesto en línea con todas las demás religiones del mundo. Es más fácil dirigir una religión si puedes estandarizarlo todo, incluidas las personas. La religión, después de todo, se ha convertido en una de las herramientas más poderosas de la historia para controlar a las personas. Si estuvieras pensando en una estrategia para mantener en línea a las personas, la religión tendría que estar en lo más alto de la lista. En esto, el cristianismo no ha sido diferente.

Si tuvieras que entrevistar a personas que han salido de iglesias y no tienen ninguna intención de regresar, descubrirías algunos temas comunes. Uno de ellos es la naturaleza controladora de las iglesias de las que provenían. En cierto modo hemos equiparado conformidad con santidad. La espiritualidad es identificada más con la tradición y el ritual que con un futuro y una esperanza. Demasiadas veces el discipulado se equipara con estandarización. Es casi como si la solución de Dios al problema humano es clonar, hacernos a todos iguales, extraer de nosotros lo que es único, destruir aquello que nos hace diferentes.

La tragedia, sin duda, es que eso no tiene nada que ver con Jesús. Nos quedaríamos cortos al decir que Jesús era único. Incluso si Él no fuera Dios, habría sido el ser humano más extraordinario de la historia. Él era un inconformista; Él era anti-institucional; Él se rodeaba de personas marginadas; Él era todo excepto lo que ellos esperaban. La vida de Jesús fue un modelo de singularidad, y su movimiento no fue nada menos que eso. Las personas que Él escogió para confiarles su mensaje tuvieron que haber sido los candidatos más improbables. No eran nada si no eran únicos. El hijo de un carpintero dio la responsabilidad que normalmente se confiaría a sacerdotes y teólogos a un grupo poco calificado formado por pescadores e incluso un recaudador de impuestos. Además, su círculo interno también estaba formado por una mujer que antes era prostituta. Desde trasfondo hasta temperamento, no había nada en los discípulos de Jesús que reflejara conformidad; ni tampoco lo había en su mensaje.

Cuando Jesús habló a las multitudes en lo que ha llegado a conocerse como el Sermón del Monte, describió las masas de un modo en que nadie más las veía. Los miles que se apretujaban unos contra otros para escuchar las enseñanzas de Jesús eran los marginados sociales de su época. Eran los no deseados, los pobres, los criminales, y los enfermos; sin embargo, cuando Jesús los describió, sus palabras estaban llenas de afecto y admiración. "Ustedes son la luz del mundo", les dijo. Sus vidas no deberían esconderse, sino estar abiertas para que el mundo las vea.

Aquellas masas eran los invisibles.

Eran parte del número incontable de personas que están perdidas entre las sombras de las grandes civilizaciones. Eran los desechables. Eran considerados un lastre, cargas para la sociedad, pero no para Jesús. Él los veía como luces escondidas bajo un recipiente. Él sabía que había algo en lo profundo de ellos a la espera de salir, algo hermoso, algo asombroso.

Ellos fueron creados por Dios para ser luminosos si Jesús tan solo podía hacer que lo vieran.

"Ustedes son la sal de la tierra", les dijo también. Pero aquí hay un peligro diferente. Cuando la sal pierde su sabor, no tiene ningún valor. Es desechada y pisoteada. Creo que muchas de las personas que escuchaban entendieron eso. De hecho, probablemente lo habían experimentado. Ante los ojos de quienes tenían poder, ellos eran considerados indignos. Era más fácil pisotearlos que desperdiciar una buena bolsa de sal. Pero ellos mismos quizá eran sus peores enemigos. Si no reconocían su propia dignidad, si cedían la singularidad de ser humanos, si negaban su propio valor, eran como la sal que había perdido su sabor.

En estas dos imágenes Jesús apela al valor intrínseco de cada ser humano.

Tal vez no estás de acuerdo con esto, pero deberías tomar tiempo para considerarlo. Aunque la religión ha intentado históricamente hacernos iguales, Jesús nos llama a ser diferentes. Si alguna vez has experimentado eso, sabes que tu alma se enfureció ante la demanda de ponerte en la fila en silencio y conformarte. Pero algo en tu interior te decía que eso era erróneo. Si había un Dios, su valor no sería la uniformidad, sino la singularidad. Y tenías razón. Grabada en tu alma está la huella de Dios. Hay algo en tu interior que se resiste a rendir tu alma al legalismo. La buena noticia es que todo ese tiempo no eras tú peleando contra Dios; estabas peleando por lo que Dios te ha creado para que llegues a ser.

Acudir a Dios es descubrir la singularidad de tu ser.

Cuando acudes a Dios, comienzas un proceso que te recrea desde dentro hacia fuera. Comienzas un viaje que es nada menos que la vida transformándose. Aunque hay algunas cosas que compartiremos en común, el viaje para el que Dios te ha preparado es únicamente tuyo con Él. No te confundas en esto: todo lo que nos rodea nos empuja hacia la conformidad. Ya sea el comunismo o el islam, Calvin Klein o McDonald's, todos somos empujados hacia la estandarización y rápidamente nos encontramos como una humanidad de línea de ensamblaje.

Tenemos que escoger.

¿Liberal o conservador? ¿Demócrata o republicano? ¿Evolución o creación? ¿A favor de escoger o a favor de la vida? ¿El medioambiente o el desarrollo? ¿Coca-Cola o Pepsi? ¿Coca-Cola Zero o Pepsi One?

Escoge tu casilla y quédate en ella.

ES MUCHO MÁS FÁCIL ORGANIZARNOS Y CONTROLARNOS, CUANDO PERMITIMOS que otros nos estandaricen. No debería sorprenderte que tu cerebro finalmente se rebele contra ser presionado y moldeado como si fuera comida procesada (o pasas a muerte cerebral). Imagina cómo está reaccionando tu alma a una vida procesada. Ahora tenemos carne de res cien por ciento y agua natural de manantial. Ni siquiera quiero pensar en lo que comíamos antes. O quizá, más importante, ¿qué tipo de religión nos hemos estado tragando? Tu alma terminará vomitando todo lo que te tragas y que viola quien has sido creado para llegar a ser.

Puedes decidir creer que tu espíritu ha vivido mil veces antes y que en una vida anterior fuiste un insecto; o incluso, peor que eso, es la vida que llegará. O puedes decidir creer que eres el resultado de cierto tipo de mutación genética que sucedió arbitrariamente mediante el proceso evolutivo. Pero recuerda esto: lo que puede acallar tu mente no acallará tu alma. La avivará. Tú eres una creación única hecha por Dios para vivir y no simplemente existir. Tu alma anhela encontrar su propósito supremo, y no descansará hasta que lo hagas. Tu alma anhela su destino. Tu alma desea, y siempre lo hará. Fuiste creado como un ser creativo. Fuiste hecho para crecer, para soñar, para lograr. Tu alma te está dejando saber que vienes de Dios y que tu vida ha de tener tamaño de Dios y ser inspirada por Dios.

Si esto no fuera suficiente para cambiar mi opinión, lo único que sería necesario realmente es la perspectiva contraria sobre el deseo. Ser verdaderamente santo en el budismo o el hinduismo es ser libre de todo deseo. Personalmente, esto nunca ha funcionado para mí, y gracias a Dios que ni siquiera Dios espera eso, ni tampoco lo desea. En marcado contraste, Jesús fue un hombre de una pasión asombrosa. Amor, compasión, misericordia, enojo, disgusto, e incluso odio encontraron expresión en la persona de Jesús. Tan solo por si te lo preguntas, Él amaba a las personas y odiaba la maldad. Él tampoco estaba contento en absoluto con la hipocresía. Y llegó un momento en el que Él hizo un látigo y volcó las mesas de todos los cambistas de dinero del Templo, pero esa es otra historia.

Si Jesús es Dios, entonces Dios es un Dios de pasión. Él no es una fuerza o energía: indiferente a la condición humana. Nos ha creado semejantes a Él: con pasión, deseo y emoción. Dios es como un fuego que arde dentro de nuestra alma.

No es un accidente que estemos llenos de deseo. Es una parte de ser hechos a imagen de Dios. El problema, desde luego, es que tenemos pasiones y anhelos intensos sin el carácter y el bien inherente de Dios para canalizarlos adecuadamente. Sin embargo, la solución para Dios nunca ha sido neutralizarnos o movernos hacia vivir vidas apáticas. La meta de la espiritualidad no es extraer de ti todo deseo y pasión; el llamado de Jesús es precisamente lo contrario: deléitate en Él y Él te dará los deseos de tu corazón. El destino de tu viaje espiritual nunca había de ser la nada.

Jesús siguió invitando a quienes parecían pensar que era demasiado bueno seguirlo a Él y experimentar nada menos que vida, y vida sin medida.

ENTRADA 24   PATETISMO

EN LO BUENO Y EN LO MALO, EN LA RIQUEZA Y EN LA POBREZA: ESE ES EL
compromiso que hice en 1977 cuando vi por primera vez *Star
Wars (Guerra de las galaxias)*. Las he visto todas ellas. Si *Star Wars*
fue la luna de miel, entonces *El ataque de los clones* casi causó nuestro divorcio. Estaba yo con un grupo de amigos en la fila a medianoche solo para ser parte del estreno. Pero me golpeó más fuerte
en *La venganza de los Sith*. Habíamos volado toda la noche desde
Los Ángeles hasta Sídney (Australia). Estábamos agotados, con
el horario descompensado, y comprometidos a encontrar a nuestro colega de por vida, Obi-Wan Kenobi, y llevar a término con él
nuestro viaje.

Yo siempre he sido muy consciente de que *Star Wars* tiene en su
centro la perspectiva hindú del mundo de George Lucas. Sin duda,
durante los últimos treinta años, mientras Dios ha estado des-
cendiendo en las encuestas, la Fuerza ha estado en ascenso firme.
No es difícil entender lo que es tan atractivo sobre la Fuerza: una
fuente de poder sin explotar que nos permite llegar a ser más de
lo que podríamos ser solos. Nuestra atracción a la Fuerza es precisamente una prueba más de que nuestra alma anhela a Dios. En
lo más profundo, sabemos que falta algo, que hay más en nosotros
que tan solo carne y huesos.

El reto es: ¿qué lado de la Fuerza escogerás? Sin duda, vas a escoger
el camino del Jedi. ¿Quién de nosotros querría ser un Sith? Bueno,

en un mundo de metrosexuales, los Siths sí que tienen mejores trajes. Me refiero a que Darth Maul tenía la mejor máscara, con mucha diferencia. Pero a medida que se desarrolla la historia, todo comienza a estar muy claro. Yo me encontré dividido por el dilema de Anakin. Descubrimos que Anakin se convierte en el infame Darth Vader. Está siendo entrenado para ser un caballero Jedi. El camino del Jedi es una vida de honor, pero también una vida de desapego. Debes renunciar a tu derecho a amar, a sentir e incluso a ser amado. Debes aprender a vivir una vida carente de deseos. Este es el camino del Jedi. Esto es lo que significa escoger el bien.

El camino del Sith es la única opción que queda. Hay oscuridad ahí, y es ahí donde te llevarán tus pasiones si no las abandonas. Anakin, sin duda, tenía un dilema. Estaba enamorado de la joven reina Amidala, y eso presentaba un problema. Es cierto que él tenía también muchos otros problemas, pero en realidad esta era la decisión que tenía delante: vivir una vida de desapego o vivir una vida de pasión. ¿Cómo podemos estar en desacuerdo con esto? Nuestras pasiones nos han dejado un reguero interminable de devastación. Parece que si nos dejan solos, el deseo nos conduce solamente al lado oscuro. Entiendo que esta perspectiva puede ser atractiva, pero Jesús nos da otro camino.

Permite que te cambie en el núcleo de tu ser, y entonces deja que tus pasiones alimenten tu vida.

Espiritualidad y deseo no están en conflicto desde la perspectiva de Jesús. De hecho, Él enseña que una espiritualidad genuina da como resultado la búsqueda apasionada de la vida. Estoy convencido de que una de las razones por las que muchos han renunciado a perseguir la espiritualidad genuina es que no sabían qué hacer con sus deseos y pasiones. Nadie les dijo que Dios los había puesto ahí, que habían de ser el combustible que los impulse a perseguir sus sueños y visiones. Al mismo tiempo, debemos prestar atención a la advertencia del Sith, que las pasiones sin freno, pasiones que carecen de brújula moral, nos conducirán a una vida que es autodestructiva y harán daño a cualquiera que decida acercarse a nosotros.

Nuestro mayor peligro es vivir para cualquier cosa que podamos tomar y devorar ahora y destruir nuestro futuro en el proceso. Algunas veces nos encontramos hirviendo de enojo porque nuestros deseos no pueden ser saciados. Cuando nuestros sueños parecen fuera de nuestro alcance, es fácil simplemente escoger la apatía. Nuestro peor escenario es que nos convirtamos en enemigos de la esperanza. Tenemos que lidiar con el anhelo de nuestra alma de llegar a ser algo que requiere una metamorfosis, razón por la cual a pesar de lo que queremos hacer, nunca es suficiente. Nuestra alma siempre anhela más. No es porque seamos insaciables, sino porque sabemos que hay más que obtener.

ENTRADA 25   UN LUGAR DE ESPERANZA

PROBABLEMENTE LA METÁFORA MÁS FAMOSA QUE HAYA SURGIDO NUNCA de los primeros seguidores de Cristo es la mariposa. La imagen es que si las personas entregan sus vidas a Jesús, Dios hará de ellas nuevas criaturas. Cuando acudes a Dios y le permites que vuelva a rehacerte, desde ese momento lo viejo es pasado, y todas las cosas son hechas nuevas. La palabra que describe esto es *metamorfosis*, la imagen de un gusano que se convierte en una mariposa: la misma especie, completamente diferente. Esto describe el cambio que literalmente nos hace pasar de gatear a volar. Es un cambio necesario si queremos viajar hacia el futuro que fuimos creados para vivir, para experimentar, para disfrutar.

Algunas veces decidimos simplemente ser un gusano; otras veces, nuestra preferencia es escondernos en el capullo, pero de vez en cuando decidimos participar en la difícil lucha de salir de allí. Es doloroso; es frustrante; es trabajo duro. Incluso podríamos preguntarnos por qué Dios hizo que fuera tan difícil escapar del capullo, sin entender nunca que es el proceso en sí el que fortalece nuestras alas y nos prepara para el vuelo.

Cuando te has elevado, cuando has despegado, sencillamente podrías entenderlo: en su peor día, una mariposa vuela mejor que un gusano en su mejor día.

El primer vuelo que hizo historia de Wilbur y Orville Wright duró un total de doce segundos. Doce segundos que cambiaron para siempre sus vidas y cambiaron el rumbo de la historia. ¿Quién podría haber imaginado que doce segundos pudieran cambiar su vida? La clave aquí es conseguir despegar. Quizá no te conviertas enseguida en un Charles Lindbergh o Amelia Earhart, pero tus sueños finalmente emprenderán el vuelo. Recuerda que fue en 1485 cuando Leonardo da Vinci soñaba y dibujaba más de cien ilustraciones basándose en sus teorías del vuelo. Nos tomó algún tiempo, pero sus sueños fueron la base para el helicóptero moderno. Y nunca olvidemos al abejorro. Lo único que Dios quiere hacer es llevarte donde no puedes ir tú solo y hacer de ti lo que no puedes ser tú solo. No fuiste creado para vivir tu vida sin Dios. Hay un sueño para tu vida que ni siquiera puedes comenzar a imaginar sin Dios. Sin Él, te estás conformando con menos.

Si habías de volar, ni siquiera correr realmente rápido es tan impresionante.

Puedes pasar toda tu vida intentando llegar a ser sin Dios lo que tu alma anhela. Podrías resentirte contra Él porque ha hecho que te resulte muy difícil vivir tus sueños o cumplir tu destino. No has llegado a entender que es en la batalla, en el proceso, incluso en la búsqueda de Dios, donde Él te está haciendo lo suficientemente fuerte para emprender el vuelo. ¿Qué es lo que entra en la mente de un gusano que está dentro del capullo que hace que quiera salir de allí?

Quizá sea un instinto en lo más profundo de su ser que le hace saber que algo está sucediendo, que se está produciendo un cambio. Ya no es lo mismo; en cierto modo es diferente.

En algún lugar entre los muros de una prisión conocida como Shawshank, Red advierte a Andy Dufresne que la esperanza puede ser una cosa peligrosa, lo cual descubrimos pronto que es el punto central de *Shawshank Redemption (Sueño de fuga)*: que el temor puede mantenerte prisionero y la esperanza puede hacerte libre. Hay un poder en la esperanza que supera toda explicación.

Nos eleva de entre los escombros de nuestros fracasos, nuestro dolor y nuestro temor para levantarnos por encima de lo que en un momento parecía insuperable.

Nuestra capacidad para soportar, para perseverar, para vencer, es alimentada por este ingrediente aparentemente inocuo llamado esperanza.

Todo lo que nos impulsa,

> todo esfuerzo por tener éxito,

>> todo intento por tener significado,

cada momento que perseguimos un sueño,

> avanzamos una causa,

>> o trabajamos para hacer el mundo mejor en cualquier aspecto es un acto de esperanza.

Cada semana, cuando voy conduciendo desde mi casa hasta las reuniones cruzando Los Ángeles, paso por una valla publicitaria que anuncia Ciudad de Esperanza, uno de los principales centros para la investigación y el tratamiento del cáncer.

Simplemente dice: "Donde hay esperanza, hay vida". Estoy de acuerdo.

ANHELOS

SENTIDO

EL REVÓLVER ESTABA EN MI MANO Y ELLA ESTABA MUERTA. UN REPORTE policial no habría dejado duda de que su muerte fue premeditada. Cargué el revólver. Apunté, apreté el gatillo. Una sola bala fue lo único necesario. Solamente yo sabía que fue un accidente. Nunca pensé que realmente daría en el blanco. Era la primera vez que sostenía un arma. Lo único que se me ocurrió fue cavar una tumba en mi patio trasero y enterrarla. Enterrar la evidencia, enterrar el recuerdo, y enterrar mi lamento. Ni siquiera había terminado el sexto grado, y estaba cara a cara con la dura realidad de la vida y la muerte. En este caso yo era el ángel exterminador.

Hay un viejo dicho espiritual que dice de Dios que "sus ojos están sobre la golondrina". Bueno, no parecía haber ayudado tanto a esta. Creo que sigue diciendo: "y Él cuida de mí". En cierto modo, ese pensamiento no es particularmente consolador si esta golondrina es un ejemplo de eso. No quiero saber si Dios está observando. Quiero saber si Él realmente se involucra en cómo se desarrolla todo esto. Si Él solamente observa, entonces todos somos partici- pantes poco dispuestos en el mayor programa de realidad del uni- verso: el *Superviviente* original. ¡Aquí la humanidad para deleite del televidente! Espero que no estemos ya en las reposiciones. Qué pensamiento tan horrible que estemos aquí para nada más que el entretenimiento de Dios. Y tú creías que eras adicto a los *reality shows*.

Allí estaba: una pequeña ave indefensa, sin hacer otra cosa más que volar, disfrutando de un hermoso día en Miami. Un gran cielo dónde escoger, y escogió el espacio que estaba alineado con mi objetivo.

Eso sí que es pura suerte.

Tenemos que preguntarnos: ¿Esto es así realmente? ¿Pueden la vida y la muerte ser así de arbitrarias? En un momento estás volando, ¿y al siguiente estás tumbado boca arriba con las patas estiradas y dirigidas directamente hacia el cielo? La pregunta no es tanto sobre la muerte como lo es sobre darle sentido a la vida.

¿Recuerdas que trece mineros del carbón en West Virginia quedaron atrapados en una mina? Se reportó generalmente que doce sobrevivieron a la explosión y uno murió. Aunque eso, sin duda, fue una noticia estupenda, me encontré preguntándome: ¿Por qué aquellos doce? ¿Por qué no trece?

Parece el azar. ¿Por qué uno? ¿Por qué ese?

Los periódicos estaban llenos legítimamente de celebración. "¡Vivos! Los mineros baten los pronósticos", "Milagro en la mina", "Milagro en la mina Sago: 12 mineros hallados vivos" eran los titulares que se mostraron por todo el país. Y eso parecía para todos excepto para uno... Tres horas después, las familias supieron lo que los oficiales ya sabían: no era que solamente uno murió, solamente uno sobrevivió.

Randal McCloy, que con veintisiete años de edad era uno de los más jóvenes del grupo, fue sacado de allí en estado crítico. Los otros resultaron muertos por la explosión o por intoxicación por monóxido de carbono. Yo me desperté con esta noticia y sentí náuseas. Parecía equivocado incluso haber pensado la pregunta. Fue como si el corazón se me partiera por la tristeza.

Aún así, yo seguía teniendo la misma pregunta, pero ahora por una razón muy diferente, más dolorosa:

¿Por qué uno? ¿Por qué ese? ¿Es todo tan solo pura suerte?

¿Es la vida realmente así de arbitraria? ¿Son simplemente aleatorios el dolor y la alegría, el amor y el odio, y la vida y la muerte? ¿Hay algún método tras la locura? ¿Tiene sentido la vida, o todo es simplemente sin sentido?

ENTRADA 2   DARLE SENTIDO A ESTE ENREDO

INTENTAR DARLE SENTIDO A LA VIDA PUEDE VOLVERTE LOCO. HUBO UN tiempo en que yo hacía precisamente eso: intentar darle sentido a mi vida y volverme loco.

Ahí estaba yo, sentado en ese sofá proverbial mientras un completo desconocido intentaba ayudarme a darle sentido a mi vida. Desde pruebas de Coeficiente de Inteligencia para determinar si yo podía pensar lo suficientemente bien para identificar las manchas de tinta, hasta descubrir lo que estaba encerrado en mi subconsciente, soporté una ráfaga de pruebas cuya meta final era esencialmente el autodescubrimiento. Era como tener a alguien excavando en mi cerebro. A veces sentía que era como salir de la ducha con la puerta abierta y dejar que alguien me viera totalmente desnudo, a excepción de que era mi propia alma la que estaba siendo expuesta.

Lo curioso de todo esto es que no era yo quien estaba confundido acerca de lo que iba mal en mí. Me resultaba claro que el mundo, tal como se presentaba, sencillamente no tenía sentido. Era como si el universo estuviera loco, pero todos los demás no fueran conscientes de ello, lo cual sé que me hace parecer un loco. Yo no estaba seguro de qué escenario era en verdad real. O bien todos eran parte de una gran conspiración, o a todos les habían borrado los recuerdos. No sé lo que sucedió, pero sabía que todo no era lo que parecía.

Lo único que yo quería saber era la verdad. Ni siquiera me importaba cuál fuera o cuáles pudieran ser las implicaciones; tan solo quería darle sentido a la vida, o más concretamente, a mi vida.

Cuando finalmente lo entendí, fue todo un alivio. Parte de ello es demasiado personal para compartirlo en las páginas de un libro, pero se redujo al tipo de dolor y confusión que a veces se producen mediante el matrimonio y el divorcio. La pieza que faltaba para mí era el recuerdo que nunca había oído mencionar. Como aquella golondrina, él había sido enterrado y olvidado. Bueno, el problema es que en algún lugar, en lo profundo de mi ser, sé que él no estaba olvidado.

Sin entrar en detalles dolorosos, pasé mis primeros años con mis abuelos en El Salvador. Años después de un divorcio, mi mamá volvió a casarse, y mi padrastro intervino en la escena y se convirtió en un papá para nosotros. A medida que pasaron los años, desaparecieron los recuerdos de una vida antes de Bill McManus. Tan solo se volvió más fácil para mi familia actuar como si nunca hubiera habido un "antes", pero mi alma me decía que había uno. Yo había llegado a estar tan cerca de mi padrastro que ellos tenían miedo a decirme lo que había sucedido.

Yo sabía que algo no iba bien. Las piezas no llegaban a encajar. Yo seguía haciendo preguntas, pero nadie hablaba. El ejército tiene una frase: "Es según sea necesario saber". La implicación, sin duda, es que no necesitas saber. Yo tenía un recuerdo de algo perdido que no podía entender. Solía encantarme la serie «*Los expedientes secretos X*» con Scully y Mulder. Como ellos, yo sabía que la verdad estaba ahí fuera. Solo que no sabía cuál era la verdad, pero no iba a descansar hasta descubrirla... Lo que no parecemos entender es que cuando se trata de la verdad, nuestra alma siempre necesita saber.

Yo no necesitaba que todo estuviera solucionado. Sin duda, no necesitaba todas las respuestas, tan solo necesitaba conocer la verdad. Subestimamos el poder salvador de la verdad. También subestimamos cuán desesperadamente nuestra alma anhela la verdad. Nuestra alma desea la verdad. Queremos conocer la verdad. Necesitamos conocer la verdad. El espíritu humano no está diseñado para vivir una mentira. Irónicamente, la única razón por la que somos capaces de mentir es que somos capaces de conocer la verdad. Incluso sin pauta o límite externo, sabemos que es una mentira cuando decimos una.

Tenemos un filtro en nuestro interior que separa la verdad de la falsedad.

Suponemos que eso es simplemente parte del ser humano, pero no deberíamos subestimar lo que eso dice sobre nosotros como especie. Somos criaturas de verdad. Podemos formar pensamientos y crear lenguaje, podemos imaginar posibilidades y crear tecnología, explorar el mundo creado y crear medicinas, pero también podemos distinguir entre lo que es real y lo que es falso. No solo podemos conocer la diferencia, sino que es fundamental hacerlo. Ya sea desde una perspectiva económica o sociológica, la capacidad de discernir entre una mentira y la verdad es esencial para la supervivencia. No podemos vivir con relaciones saludables y funcionales cuando decidimos mentirnos los unos a los otros.

Mientras más se inunda una cultura del engaño, la mentira y la deshonestidad, más insana y destructiva es.

No solo es insano que nos mientan, sino que también es corrosivo para nuestras almas mentir y engañar a otros. No fuimos diseñados para vivir una mentira ni para contar una mentira. Incluso si no crees en Dios, no crees en la verdad objetiva y tampoco crees en ningún absoluto moral, aún así tienes que lidiar con el inusual fenómeno humano de que llegamos a estar psicológica y relacionalmente enfermos cuando vivimos una mentira, y encontramos salud en un entorno de veracidad, incluso cuando la verdad es más dolorosa que la mentira.

Probablemente una de las líneas más memorables en cualquier película se produjo en el momento en que Jack Nicholson miró a Tom Cruise en *"Cuestión de honor"* y reaccionó contra el intento de Cruise de encontrar la verdad: "Tú no puedes manejar la verdad". Muchos de nosotros creemos eso. Decimos mentiras piadosas, distorsionamos la verdad, ocultamos la verdad o simplemente creamos nuestra propia verdad. El modo de pensar, sin duda, es que la verdad es sencillamente demasiado dolorosa. A veces evitamos la verdad a toda costa, y sin embargo huir de la verdad nos cuesta más de lo que podamos imaginar.

Nuestra alma anhela conocer la verdad, y necesitamos perseguirla a toda costa. Cualesquiera que sean las implicaciones, dondequiera que eso nos lleve, debemos buscar sentido, esforzarnos por entender, batallar para darle sentido a la vida, no renunciar nunca a la creencia de que la verdad está ahí fuera.

ENTRADA 3   ¿CUÁL ES EL SENTIDO DE ESTO?

HUBO UN TIEMPO CUANDO ME PREGUNTABA SI MI VIDA ERA UNA PÉRDIDA. A pesar de lo que yo hiciera, no podía sacudir la irrelevancia de mi existencia. Demasiadas cosas eran sencillamente muy arbitrarias. A pesar de cuánto lo intentaba, no podía darle sentido.

He aprendido algo sobre nosotros los humanos: sencillamente no nos va bien cuando sentimos que nuestras vidas no tienen sentido. Algo en nuestro interior nos impulsa hacia el sentido. ¿A qué se debe que cuando no tenemos sentido para nuestras vidas, algo en nuestro interior se pone realmente enfermo? Concluimos que la vida no tiene sentido, y nos encontraremos batallando con el temor, la angustia y la duda.

Aunque el misterio es algo maravilloso que nos hace estar más vivos, la falta de sentido tiene un efecto paralizador. Nos menospreciamos a nosotros mismos cuando renunciamos a encontrar sentido para nuestras vidas.

Nuestra alma se identifica con el sentido. Nuestra alma busca sentido.

El sentido tiene un efecto sanador.

Sin sentido, nos encontramos consumidos por fobias y controlados por supersticiones. Todos necesitamos darle sentido a la vida. Ya sea que satisfagamos nuestro anhelo de sentido mediante la fe o la razón, el único lugar donde no vivimos bien es en una vida que parece arbitraria, al azar o sin sentido.

No me malentiendas. Somos más que capaces de vivir con incertidumbre, misterio, y lo desconocido. De hecho, gran parte de la vida requiere que lo hagamos. Y si te pareces en algo a mí, te encanta la aventura, la sorpresa e incluso el riesgo.

Lo desconcertante es que creeremos en algo que es falso para así no tener que experimentar el efecto desestabilizador de no saber. Queremos que algo sea certero, que algo sea seguro. Todos nosotros organizamos nuestras vidas en torno a lo que creemos que es verdad, y eso hace que nuestras vidas sean manejables y nos da cierto sentido de control. Nos ayuda a lidiar con todo lo que está fuera de nuestro control.

Intentamos compensar nuestra falta de control aumentando nuestra sensación de poder o creando una mayor predictibilidad en nuestras vidas. Con frecuencia personificamos nuestra necesidad de certeza mediante nuestra necesidad de controlar. Treinta y ocho veces se usa la palabra *absurdo* en las Escrituras:

*absurdo absurdo absurdo absurdo absurdo absurdo absurdo
absurdo absurdo absurdo absurdo absurdo absurdo absurdo
absurdo absurdo absurdo absurdo absurdo absurdo absurdo
absurdo absurdo absurdo absurdo absurdo absurdo absurdo*

De esas treinta y ocho veces, treinta y cinco están en el libro del Eclesiastés. Es extraño que el hombre a quien los hebreos conocían como la persona más sabia que haya vivido jamás sea quien batalló más contra la duda. Salomón debería haber sido el maestro del sentido, pero se convirtió en el primer nihilista de la historia.

Sus primeras palabras en el libro del Eclesiastés son: "Lo más absurdo de lo absurdo, (...) lo más absurdo de lo absurdo, ¡todo es un absurdo!"[7] Él escribe: "¡Penosa tarea ha impuesto Dios al género humano para abrumarlo con ella! Y he observado todo cuanto se hace en esta vida, y todo ello es absurdo, ¡es correr tras el viento!".[8]

---

7. Eclesiastés 1:2
8. Eclesiastés 1: 13-14.

Once capítulos después, a medida que avanza hacia su conclusión, tras haber explorado todas las posibilidades para el sentido de la vida, vuelve a decir una vez más: "Lo más absurdo de lo absurdo, ¡todo es un absurdo!".[9] Entremedio nos da once capítulos de interminables callejones sin salida.

Él buscó el placer y al final descubrió que lo dejaba vacío. Su conclusión: ¡absurdo! Él buscó la ambición y trabajó duramente para lograr grandes cosas, y eso lo dejo vacío. Su conclusión: ¡absurdo! Salomón persiguió riqueza, poder y fama, y descubrió que todo ello era absurdo, absurdo; y sí, lo imaginaste, absurdo.

Lo peculiar sobre el viaje de Salomón es que comenzó innegablemente con Dios. Fue Dios quien le dio el don de la sabiduría, pero la sabiduría no eliminó las dudas y las preguntas que nos persiguen a todos.

En lugar de correr *hacia* Dios, él decidió alejarse *de* Dios.

Él buscó sentido en todas partes excepto en Dios, y eso casi lo volvió loco. Eclesiastés está lleno de cinismo, amargura y hedonismo. También está extrañamente vacío de Dios, a excepción de cuestionar a Dios.

Salomón viajó muy lejos de donde comenzó, solamente para regresar allí al final.

> Tras haber examinado el mundo
> buscando sentido,
> él concluye que la vida
> es vanidad
> sin
> Dios
> y que solamente en Dios
> encontraremos siempre
> el sentido
> que nuestra alma anhela.

---

9. Eclesiastés 12:8.

ABRAN NUESTROS ATAÚDES Y TODOS SOMOS
SOLAMENTE VAMPIROS BIEN INTENCIONADOS

Mientras él caminaba por la casa deteriorada, sus ojos no tenían expresión alguna.

"Y mi historia termina aquí. Pero de hecho terminó hace mucho tiempo atrás, con las cenizas de Claudia en ese teatro. Mi amor murió con ella. Nunca realmente cambié después de aquello. Lo que llegó a ser de Lestat, no tengo ni idea. Yo sigo adelante, una noche tras otra. Me alimento de quienes se cruzan en mi camino, pero toda mi pasión se fue con su cabello rubio. Soy un espíritu con carne sobrenatural. Despegado. Inmutable. Vacío".

ESTAS SON LAS PALABRAS DEL INFAME VAMPIRO LOUIS (BRAD PITT) COMO LAS escribió Anne Rice, autora de la novela éxito de ventas *Entrevista con el vampiro*. ¿Y qué puede enseñarnos un vampiro sobre ser humanos? ¿Puede alguien identificarse con una persona cuya vida terminó mucho antes de que dejara de respirar?

¿Has conocido alguna vez a alguien que experimentó tanto dolor que toda la vida, el amor y el sentido quedaron perdidos? ¿Es posible que haya más vampiros entre nosotros de los que sabemos? Cuando renunciamos a la vida, nos convertimos en los muertos vivientes. La vida puede ser como una estaca clavada en el corazón.

Para sorpresa de muchos, Anne Rice estaba siendo entrevistada con respecto a su redescubrimiento de la fe. Puede parecer para el observador casual que su nuevo enfoque en Jesucristo estaría en oposición directa con sus obras más controvertidas en *Las crónicas vampíricas*. Para Anne, no hay nada irreligioso con respecto a ellas.

Ella explica: "Creo que son libros muy cristianos para alguien fuera de la iglesia, perdido en la oscuridad, que se esfuerza por encontrar sentido y que a veces es rebelde".

Todos estamos en un viaje para darle sentido a la vida, y cuando no tiene sentido, es enloquecedor para nuestra alma.

Si llegas a la conclusión de que la vida no tiene sentido, que carece de sentido, tu historia termina antes que tú. Puede que nunca establezcas la conexión, pero el cinismo, la amargura, la desesperación y el vacío que te carcomen, tienen todo que ver con tu necesidad de creer en algo o alguien. Por anticuado que pueda parecer, no es que algunas personas deciden vivir por fe, sino que todos los seres humanos deben vivir por fe, incluso si es fe en la razón.

Todos vivimos por fe.

Si todos fuéramos un poco más sinceros, o quizá un poco más humildes con respecto a esto, todo nos resultaría más fácil. Sin duda, sería mejor para todos nosotros. No es que estemos haciendo frente; es que no tenemos otra opción. Cualquiera que no sea omnisciente tiene fe en su futuro.

Algunas personas dan saltos de fe; otras llegan allí pateando y gritando.

En cualquiera de los casos, nos encontramos en el mismo lugar.

Todos tenemos que tomar decisiones,

    sacar conclusiones,

        abrazar creencias,

            que al final son

                actos de fe.

Incluso si decides no creer, eso en sí mismo es un GRAN salto de fe.

Si das un paso atrás, eliminas la emoción y lo miras con objetividad, comienzas a entender que fe y razón tienen mucho en común. Ah, llegan a distintas conclusiones, pero ambas intentan hacer lo mismo. Intentan darle sentido a la vida. Intentan establecer lo que es verdad, lo que es real. De nuevo, creo que esto es mucho más importante que incluso mirar el resultado.

Ahogándonos en el final de la conversación, podríamos perdernos la belleza del medio.

> Tanto la persona que confía en la razón y el intelecto
>
> como la persona que confía en la fe y la intuición,
>
> aunque llegan a conclusiones muy distintas,
>
> están haciendo la misma pregunta:
>
> ¿Qué es verdad?

Razón y fe se ven muy diferentes, pero son más parecidas de lo que nos atreveríamos a admitir.

ENTRADA 5   TENGO UNA RANA EN MI GARGANTA

DESCUBRIR LO QUE ES REAL, LO QUE ES AUTÉNTICO, LO QUE ES DIGNO DE CONFIANZA en la vida cotidiana es bastante difícil, y se pone mucho más difícil cuando incorporamos a ello la fe. Tenemos un número interminable de religiones mundiales, y todas afirman tener la verdad.

Alguien está equivocado.

Quizá todos están equivocados, ¿cierto?

Al menos eso parecería cuando se trata de las respuestas. Alguien allí en la lejanía decidió intentar darle sentido a la vida, ya sabes, ayudar a las personas. No tenía todas las piezas, así que llenó los espacios en blanco donde era necesario. Después de un tiempo, lo que era verdad y lo que era relleno se volvió indistinguible, y ambos adoptaron igual valor. Con el tiempo, todo ello se volvió sagrado porque ayudaba a las personas a lidiar con la vida.

La vida ya es bastante difícil. Es casi imposible cuando no tiene sentido.

Nosotros creamos nuestra propia versión de la verdad. Quizá lo hacemos por accidente. Despertamos una mañana convencidos de que hay un dios de la lluvia, y que no permitirá que llueva a menos que pasemos la noche bailando.

O de cierto modo, algún tipo imagina que el dios del volcán está escupiendo enojo por el hecho de que nadie le ha ofrecido una virgen. Quizá algún tipo está enojado porque no pudo conseguir a la virgen y, por odio, decide lanzarla al volcán.

Llámame insensible, pero alguien en el inicio del proceso tuvo que saber que había inventado cosas. Yo realmente creo que las religiones están llenas de personas sinceras. En cada religión tuvo que haber un primer convertido genuino.

Pero el tipo anterior a él, lo sabía.

Sabía que no todo era real.

Sabía que en el mejor de los casos, eran una suposición esperanzada.

No es que yo sea un cínico. Es solamente que lo cuestiono todo.

El tapón de mi botella Snapple (mi sistema educativo de posgrado) me informó que las ranas no pueden tragar con los ojos abiertos. Hay muchas cosas ahí fuera que para tragarlas debes tener los ojos cerrados. Yo: yo prefiero tragar con mis ojos totalmente abiertos.

Por lo tanto, quizá ese tipo era sincero y delirante.

Ahora bien, eso es mucho más consolador.

Para mérito de él, sin embargo, en cierto modo también sabía que todo el mundo estaba en una búsqueda de sentido. Quizá él era totalmente siniestro y creó un sistema de creencias para controlar a las personas; o tal vez de algún modo disfuncional se interesaba genuinamente y tan solo intentaba hacer que la vida fuera más fácil para las personas que le importaban. O quizá sea que estaba reaccionando contra una falsedad mayor, un engaño mayor. Tal vez eso fue lo que motivó los gustos de Buda, Confucio, Gandhi, e incluso Nietzsche.

Ellos simplemente estaban hartos y cansados de ver a las personas ser manipuladas por la falsa perspectiva prevaleciente de la realidad. Como reacción a ello, crearon un nuevo modo de pensar, una nueva manera de creer, una nueva manera de vivir. La verdad del asunto es que el coronel Nathan R. Jessup estaba exactamente equivocado. No es que no podamos manejar la verdad; es que no podemos vivir sin ella. No podemos operar eficazmente sin darle sentido a nuestra experiencia. Tú estás buscando sentido, pero quizá no lo has reconocido como una parte de una búsqueda espiritual.

Vivimos en una época en la que los filósofos cuestionan incluso la existencia de la realidad.

Nos tienen a todos preguntándonos...

si algo es verdad.

si algo es real.

si alguien está en lo correcto.

si se puede confiar en alguien.

ENTRADA 6   COMIDA BASURA Y LA BÚSQUEDA DE
              LA VERDAD

LA PREGUNTA QUE IMPULSA GRAN PARTE DE NUESTRO PENSAMIENTO ACTUAL
es: ¿Qué podemos *conocer?* En un extremo del espectro están quienes dicen que nada puede ser conocido. No podemos estar seguros de nada. La conclusión natural es que no hay ninguna verdad,
al menos ninguna verdad objetiva. Lo único que nos queda es lo
que percibimos. Todo se vuelve subjetivo. Realmente no podemos
conocer nada; solamente podemos pensar, sentir o creer que algo
es verdad. Es tu verdad personal. Es verdad para ti, y hasta ahí
llega.

En el otro extremo del espectro están quienes están totalmente
comprometidos con la verdad objetiva, y ninguna otra cosa. Todo
lo que existe es lo que puede ser probado. Por ejemplo: "Creeré en
Dios cuando demuestren su existencia en el laboratorio". Todo se
trata de evidencia empírica.

Irónicamente, estas dos perspectivas (*nada es real* y *solamente el
mundo físico es real*) aunque son diametralmente opuestas, tienden
a ser las dos posturas aceptables entre la élite intelectual.

Esto me recuerda que nuestra búsqueda de sentido es más complicada de lo que pensamos.

No es solamente la religión la que naufraga al final. A la filosofía
y la ciencia no les va mejor. Podemos discutir todo el día sobre
quién tiene la mejor perspectiva sobre el sentido, si la ciencia, o

la filosofía, o la religión. Pongamos a cien personas en una habitación, y podríamos encontrarnos con cien diferentes filosofías, religiones, y perspectivas científicas.

Hay muchas respuestas ahí fuera. Es como un revoltijo interminable, una de esas ofertas de "come todo lo que puedas" y, vaya si hemos aprendido a comer en exceso.

Finalmente estamos hartos de atiborrarnos (algunos de nosotros no tan rápidamente como otros). Es asombroso cuánto podemos comer. Nos llenamos, y seguimos tragando mucho después de haber quedado satisfechos. Y no estoy hablando de comida. Todos estamos de pie en la fila de un buffet interminable. Técnicamente se llama pluralismo, pero es básicamente un mostrador de ensaladas de creencias de "todo lo que puedas comer". Un número interminable de sistemas de creencias nos rodea. El asunto no es tanto que tengamos que decidir entre ellas, sino que podemos escoger las partes que más nos gustan de cada una.

Este fenómeno, conocido como pluralismo, ha creado más que un número interminable de opciones; también ha conducido a la personalización de la fe (lo cual, a propósito, es muy distinto a tener una fe personal).

Hubo una vez un tiempo cuando todos los que vivían en la misma comunidad compartían las mismas creencias. Todos éramos parte de una tribu y teníamos un chamán tribal que nos transmitía las creencias, valores y cultura que nos mantenía unidos. Realmente no teníamos muchas opciones. Quizá ni siquiera se nos ocurría que hubiera otras maneras de pensar, otras maneras de ver la realidad, otras maneras de creer. Hoy tenemos más que un número interminable de opciones; tenemos oportunidades. Puedes tenerlo a tu manera.

Recuerdo cuando todo comenzó. Burger King nos liberó de la estandarización. Imagina la posibilidad de pedir una hamburguesa hecha específicamente a la orden. La mayoría de ustedes no tienen recuerdos de un mundo sin opciones.

Cuando yo era pequeño, si querías comprarle a alguien un osito de peluche, sencillamente ibas a la juguetería y comprabas un osito de peluche: bastante simple y claro. Ahora tenemos "Build a Bear" (Crea un oso). Es una juguetería donde tienes opciones interminables del oso que quieres crear. Cuando has elegido todos tus accesorios, un empleado de la tienda lo llena y lo cose, y ahí lo tienes. Es bastante parecido a lo que sucede con la religión. No necesitas encontrar una; simplemente puedes crearla.

Antes, solamente la élite cultural participaba en la filosofía; ahora todo el mundo es un filósofo. Lo extraño, sin embargo, es que parecemos más motivados a crear nuestra propia verdad que a buscarla.

Es aquí donde es importante recordar que más no es siempre mejor.

Y CUANDO AÑADIMOS LAS INCONTABLES VOCES QUE SE HAN CONVERTIDO en nuestros expertos culturales en psicología pop, incluso los más compulsivos de nosotros estamos comenzando a concluir que menos es más. Al mismo tiempo, este momento nos da una gran oportunidad para el autodescubrimiento. Si hubo alguna vez un momento cuando podíamos ver que la prueba de Dios no está en las respuestas, ese momento es ahora. Si algo, el número interminable de opiniones solamente nos mueve hacia la incredulidad.

No podemos poner un dedo sobre él,

pero lo que está sucediendo es que

nuestras almas están recibiendo correo basura.

ENTRADA 7   LA RESPUESTA ES LA PREGUNTA
(O VICEVERSA)

HAY PRUEBA DE DIOS EN TODO ESTO, PERO HEMOS ESTADO MIRANDO EN EL lugar equivocado. Antes de poder encontrar a Dios en las respuestas, tenemos que encontrarlo en las preguntas.

Quizá las respuestas provienen de nosotros, de modo que imaginamos un millón de ellas. Pero las preguntas... hay algo misterioso sobre las preguntas.

Todos las hacemos;

todos las tenemos;

y a pesar de cuál sea nuestra procedencia

o en qué época en la historia hayamos vivido,

las preguntas son siempre las mismas.

Por importantes que pudieran ser las respuestas,

lo que es incluso más revelador es que tengamos

preguntas: ¿?¿?¿?¿?¿?¿?¿?¿?¿?¿?¿?¿?¿?¿?¿?¿?

¿Por qué necesitamos saber?

¿Qué nos impulsa a buscar respuestas?

¿De dónde viene el "preguntar"?

Cada uno de nosotros está en una búsqueda de sentido.

Todos estamos en una búsqueda.

La flecha que señala el camino no se ve como esta: → sino como esta: ¿?

Todos nosotros, sin importar a qué conclusiones hayamos llegado, somos impulsados por lo mismo: ¡tenemos que encontrar las respuestas!

Todo lo que experimentamos, todo lo que aprendemos, cada información que procesamos, está siendo integrada por nuestro cerebro, y no tendremos paz mental hasta que creemos algún tipo de conexión.

Cualquiera que sea tu perspectiva de la Biblia, ya sea que creas que está inspirada divinamente o es el producto del esfuerzo humano, tendrás que reconocer al menos que ella, como todos los otros textos religiosos, es una parte de la gran historia de la humanidad en busca de sentido.

Cada religión mundial, cada filosofía, cada sistema de creencias (desde la antropología, la astrología, la sociología, la psicología, la mitología, hasta la ciencia misma) intenta proponer una perspectiva cohesiva de la realidad. Todas intentan darle sentido a la vida. Todos estamos intentando saber quiénes somos, por qué estamos aquí, de qué se trata todo esto.

Si eres sofisticado, puedes ver los defectos y falacias de tantos sistemas de creencias diferentes. Incluso podrías mirar con condescendencia a quienes creen lo que tú considerarías respuestas simplistas a problemas complejos en el mundo. Una vez estuvimos convencidos de que el mundo era plano; que si bailábamos, llegaría la lluvia; que las estrellas determinaban nuestro destino en la vida.

Hemos superado muchos cuentos de hadas que antes creíamos que eran realidad. Quizá sea un defecto inherente en la especie humana, pero todos estamos predispuestos a creer. Creeremos casi en cualquier cosa.

Si nos agarra demasiado jóvenes, creeremos sin consideración en:

Santa Claus	Buda
cristales	el hombre de la bolsa
el ratoncito Pérez	Alá
espíritus	el karma
el conejito de Pascua	Krishna
demonios	la reencarnación
fantasmas	Jehová
ángeles	el feng shui
vampiros	Jesús

La lista es interminable.

Aunque quizá no seamos capaces de eliminar sistemáticamente todo lo que creemos que más adelante descubrimos que no es real, no podemos escapar a aquello que está delante de nosotros. Cada uno de nosotros, independientemente de la raza, el idioma, la educación o la generación, independientemente de todas las variables posibles que nos hace diferentes, sigue estando inclinado a creer en algo.

Aunque podemos estar en desacuerdo en lo que creemos y podemos discutir violentamente sobre lo que es verdad, a lo que no podemos escapar es que todos estamos en la misma búsqueda, y el anhelo de nuestras almas es encontrar algo en lo que podamos creer.

ES SIGNIFICATIVO QUE JESÚS DIJERA QUE EL TIPO DE PERSONA QUE DIOS busca es quien adora en espíritu y en verdad. Dios no ve ambas cosas en conflicto la una con la otra. Ambas nos guían en nuestra búsqueda de sentido. Y esto no es algo que hagamos ni siquiera conscientemente.

Buscar sentido es como respirar.

Es algo intrínseco al espíritu humano. Está en el interior de todos nosotros, y está desde el principio mismo. ¿Son solamente mis hijos quienes son tan inquisitivos? Apenas capaces de caminar, ya estaban haciendo la pregunta filosófica más profunda conocida para la humanidad:

¿Por qué?

Es la pregunta que vuelve loco a todo padre o madre.

Todo es ¿por qué? Ni siquiera es la pregunta más importante en esa etapa en la vida. ¿Qué hay sobre preguntar *dónde*? "¿Dónde pongo toda la caca en mis pañales?". Nunca he oído a un niño hacer esa pregunta. ¿O qué hay de preguntar *cómo*? "¿Cómo eres capaz de llegar al baño a tiempo?". ¿O esperas que ellos, como mínimo, pregunten *qué*? "Pero ¿qué es ese olor?".

Si lo piensas, todas las otras grandes preguntas (*quién, qué, cuándo, dónde, cómo*) pueden explicarse por nuestra lucha por sobrevivir como especie. La evolución aborda fácilmente el desarrollo de estas preguntas. ¿Quién fue comido? ¿Qué se lo comió? ¿Dónde fue? ¿Cuándo llegó? Y lo más importante, ¿cómo te alejaste?

Por qué, por otro lado, no encaja. No es realmente necesario para la supervivencia. No soy capaz de ver que los primeros humanos necesitaran preguntar: ¿por qué el raptor se comió a Krug? ¿Por qué tuvo que sucederle a él? ¿Por qué tienen que ser ellos carnívoros? ¿Por qué tuvimos que ser hechos de carne? Habría sido mucho más fácil si hubiéramos sido hechos de una mezcla de poliéster o sintéticos.

Sin embargo, mientras más parecemos avanzar como especie, más capaces somos de eliminar todas las otras preguntas. Las calculadoras hacen nuestras operaciones matemáticas; las computadoras hacen nuestra investigación. Restaurantes cazan por nosotros; centros comerciales hacen nuestras reuniones; las películas hacen nuestra vida.

Aun así, a pesar de cuánto ya está hecho por nosotros, a pesar de cuánto se nos provee, no podemos escapar a la continua pregunta del *porqué*. Incluso cuando la vida resulta fácil, eso no parece lograr que esta parte sea más fácil. Finalmente, sucederá algo que te hará plantear la pregunta: algo va a interrumpir tu utopía personal.

Incluso cuando tan solo intentes pasar un buen tiempo y disfrutar de tu vida, llegará algo que interrumpirá tu sueño consciente y te situará cara a cara con la pregunta que nos persigue a todos: ¿por qué? ¿Por qué tuvo que suceder esto? Esto no tiene ningún sentido. ¿Cuál es el significado de esto? Y finalmente, ¿cómo puede existir Dios y permitir que sucedan cosas como esta? Cualesquiera que sean las respuestas, todas ellas sacan a la luz que realmente necesitamos plantear las preguntas.

Preguntar *por qué* no se trata de la supervivencia del más fuerte; se trata del anhelo del alma en busca de sentido.

Irónicamente, desde la Ilustración parece que cada vez más nos encontramos a tientas en la oscuridad. Nuestra búsqueda desesperada de la verdad se ha vuelto cada vez más elusiva. Mientras más sabemos, más inseguros estamos. Nuestros filósofos fueron en busca de la verdad, y cuando regresaron, nos dijeron que no hay ninguna verdad que conocer, que nada es cierto, y que lo único que podemos hacer es crear nuestra propia verdad y esperar lo mejor. ¿Es eso realmente cierto?

El mundo moderno construyó laboratorios y nos dijo que podíamos confiar en la ciencia con respecto a la verdad, que los científicos la buscarían vigorosamente: en esto ha resultado un experimento fallido.

Nuestras mentes más brillantes siguieron insistiendo en que si no se puede demostrar no puedes creerlo, pero después siguieron sobrepasando sus propios criterios. Desde la infame familia Leakey de la antropología, quienes siguieron afirmando que habían encontrado el eslabón perdido (solamente para que otro de los hermanos los desacreditara) hasta Stephen Hawking, quien hizo de la ciencia la nueva filosofía, la ciencia no deja de intentar responder más de lo que puede demostrar.

La ciencia ni siquiera puede comenzar a tocar la pregunta más importante para nosotros, la cual es, sin duda, *por qué*.

¿Existe una pregunta mayor que *por qué*? Eclipsa a todo el resto. Saber *cómo* sucedió es fascinante, pero saber *por qué* sucedió es esencial. Puedes vivir sin saber cómo sucedió, pero cuando no puedes descubrir por qué, es totalmente enloquecedor.

¿Por qué estamos aquí?

¿Por qué hay maldad en el mundo?

¿Por qué hay tanto sufrimiento?

¿Por qué permitió Dios que sucediera esto?

¿Por qué permitimos que sucediera?

¿Por qué no cambiamos?

¿Por qué no hacemos algo al respecto?

¿Por qué importa?

Por qué es la pregunta que nos persigue.

ENTRADA 9   YO NO SÉ CÓMO SÉ LO QUE SÉ

CUANDO LA VIDA NO TIENE SENTIDO, O CUANDO RENUNCIAMOS A INTENTAR darle sentido a la vida, encontramos lugares donde huir y escondernos.

Generalmente, la religión es acusada de ser el lugar donde acuden las personas para escapar a la realidad. No voy a discutir con eso. En general estoy de acuerdo con ello. Yo sugeriría, sin embargo, que ya no es el lugar más popular donde ir.

Hay dos lugares donde descubro que se retiran las personas. Aunque una fe saludable acepta abiertamente el misterio, dando lugar a lo desconocido, nuestros nuevos lugares para escapar intentan eliminar todo lo que es incierto.

La opción número uno es la senda en la que tienes que demostrar algo, o no existe. Intentamos darle sentido a la vida llegando a la conclusión de que esto es todo lo que hay. Nos convertimos en lo que podríamos llamar materialistas (solamente el mundo físico es real). Todo lo que existe es lo que puede demostrarse.

Si no puedes verlo, tocarlo, gustarlo, olerlo o escucharlo, no existe.

Lo que es real es lo que puede demostrarse empíricamente: la prueba tiene que ser científica. Mientras entiendo plenamente que una persona razonable llegue a esta conclusión, me hace preguntarme sobre otras dimensiones profundamente significativas del conocimiento.

Si fuéramos sinceros con nosotros mismos, admitiríamos que el amor es mucho más real para nosotros que, digamos, Venus. No me refiero a la diosa griega, sino al planeta. Lo más probable es que no hayas visto en realidad a Venus; tan solo sabes que está ahí. Quizá has visto imágenes, pero ¿cómo sabes que no están manipuladas? Hay personas que siguen sin creer que Elvis está muerto (no lo han visto), y personas que no creen que hayamos llegado nunca a la luna (en realidad podrían ser las mismas personas). E incluso, si las imágenes no están manipuladas, ¿cómo sabes que es realmente Venus?

Pero sabes cuando has amado.

Sabes cuando has odiado.

Sabes cuando has estado celoso, amargado y enojado.

Sabes cuando te han roto el corazón,

cuando tu espíritu ha sido aplastado,

cuando tu instinto te está diciendo algo a lo que tu cerebro no puede darle sentido.

Conoces cosas profundas dentro de tu alma con más certeza de que existen Venus, Júpiter y Marte.

Si llegamos a la conclusión de que lo único que podemos conocer es lo que puede probarse y demostrar en un laboratorio, ¿cómo podremos explicar todo lo que conocen nuestros corazones? El intelecto es maravilloso, pero hay más para nosotros de lo que nuestra cabeza puede contener.

No puedes escapar a la realidad de que conoces cosas profundamente que no tienen nada que ver con el pensamiento racional. Y por si esto no fuera suficiente, no puedes escapar al dilema de la vida misma. No puedes operar sin poner tu fe en algo o alguien.

Te subes a un avión; pones tu vida en manos del piloto. Es un poco necio abrocharte el cinturón de seguridad si el piloto acababa de tener una pelea con su esposa, decidió que ya no podía soportarlo más, se emborrachó, y después de algún modo pudo llegar hasta el asiento del "conductor". Incluso sabiendo que esa es una posibilidad real, ocupas tu asiento y con calma te pones los auriculares.

Respiras cada momento de tu vida. Has dicho miles de veces que no puedes confiar en algo que no puedes ver. Sin duda, estás hablando de Dios y no del oxígeno.

El oxígeno no cuenta. Está claro que necesitas oxígeno y no puedes vivir sin él. Por lo tanto respiras, inhalas y exhalas sin pensar nunca si el siguiente aliento será el último. ¿Y si se agota? ¿Y si la respiración de este minuto fue la última que vas a realizar? No exhalarías tan insensiblemente, ¿verdad? No serías tan casual con respecto a la respiración si supieras que solamente nos quedaba el 1 o 2 por ciento.

Respira profundamente. Disfrútalo. Es un acto de fe, ya lo sabes.

Podría ser tóxico.

Probablemente lo es.

Te está matando lentamente.

Pero estás conforme con eso, o al menos pareces estarlo. Sencillamente sigues respirando. Tienes que hacerlo. No tienes elección.

La única opción real es dejar de respirar y morir, o vivir por fe y seguir respirando lo que no puedes ver y realmente no conoces.

La palabra para "espíritu" en la cultura hebrea, y en la griega también, es la palabra para "viento" y "aliento". ¿Es posible que nuestra alma se esté ahogando, intentando desesperadamente inhalar, respirar a Dios, pero tenemos miedo de confiar en algo que no podemos ver, algo que no podemos demostrar?

Aunque hay algunos que perciben que la mejor manera de buscar sentido es depender totalmente de pruebas objetivas, hay otros que buscan un filtro muy distinto para determinar lo que es real. En lugar de depender de evidencia objetiva, algunos de nosotros, en cambio, acudimos a nuestra propia experiencia personal. Esto podría definirse como validación subjetiva.

En lugar de depender de nuestros sentidos, dependemos de nuestras sensaciones.

Lo que es real queda ahora determinado no por lo que podemos demostrar, sino por lo que podemos experimentar. Y podría argumentarse que la única prueba real que tenemos es la experiencia. La dificultad es que nos convertimos en nuestra propia fuente y validación de lo que es real, de lo que es verdadero. Déjame decirte enfáticamente que las emociones son tan reales como los pensamientos, las ideas o incluso el conocimiento. Son reales sencillamente de un modo diferente.

El problema se produce cuando la verdad se convierte en una esclava de nuestras emociones.

Cuando sientes algo profundamente, es un sentimiento verdadero, pero no significa que debería convertirse en la base de toda realidad. Nuestras emociones pueden ser un océano turbulento que cambia constantemente como respuesta a nuestras circunstancias.

Rechazamos la verdad objetiva porque no estamos seguros de lo que puede ser conocido, no estamos seguros de en qué podemos confiar. Al mismo tiempo, descubrimos que no es diferente en nuestro interior. Si crees que es difícil saber lo que es real en el mundo exterior a ti, detente y echa una mirada sincera a tu yo interior.

Hay más misterio en tu interior del que hay en todo el universo exterior. Somos un misterio incluso para nosotros mismos; y es este misterio el que nuestra alma más anhela entender. Gran parte de nuestra búsqueda de sentido está implicada en las preguntas secundarias de la vida: *cómo, qué, dónde* y *cuándo*.

Las preguntas más desconcertantes, las que nuestra alma anhela poder responder son *quién* y *por qué*.

El método científico depende de la objetividad y el desapego. Aunque son esenciales para la buena ciencia, el defecto es que la ciencia, sin importar cuán avanzada pueda llegar a estar, ni siquiera puede comenzar a abordar las preguntas más profundas del *quién* y el *porqué*. Al mismo tiempo, la ciencia parece que no puede ayudarse a sí misma. La ciencia parece tropezar continuamente y torpemente con la filosofía y la religión.

La ciencia obviamente está mal equipada para abordar el tema de Dios.

Pero no es ahí donde su incapacidad llega a su fin. La ciencia es incapaz de abordar los asuntos más profundos del espíritu humano. Lo que es humano es material. Si no crees en el espíritu humano, tendrías que conceder que existe la complejidad de las emociones humanas, que existe la singularidad de la intuición humana, y que hay mucho más sucediendo aquí de lo que parece a simple vista.

La ciencia puede explicar los problemas del cerebro humano

    en un intento de explicar la mente humana

        y falla por completo cuando se trata del espíritu humano.

ENTRADA 10 SI ESTÁ TOTALMENTE OSCURO, ¿IMPORTA SI ERES CIEGO?

ES IRÓNICO, PERO ES REALMENTE LA CIENCIA LA QUE NOS HA IMPULSADO a llegar a ser cada vez más subjetivos. Los racionalistas (todos con prueba racional) y los románticos (todos con pasión en el corazón) son hermanastros antagonistas. Sencillamente no estoy seguro de cuál de ellos es la Cenicienta. Cuando crees solamente en lo que puedes ver, y no puedes confiar en lo que ves, ¿dónde te deja eso?

Ciego.

En una habitación muy oscura.

No es tan difícil para nosotros ver que la ciencia es inadecuada para explicar toda la experiencia. Al mismo tiempo no estamos preparados para dar lo que parece un salto de fe irracional. Estamos atascados entre la roca proverbial y un lugar difícil. Lo fundamental es que no sabemos en quién o en qué confiar. En cualquiera de los casos es un gran riesgo que no todos estamos tan deseosos de asumir. Por lo tanto, en vez de expandir nuestro nivel de confianza, lo estrechamos y lo contraemos.

Pasamos de haber confiado antes en lo eterno, lo invisible, lo espiritual, lo que no se ve; a confiar solamente en lo que es visible y tangible.

Ahora

da

un

        paso

atrás.

Ya no confiamos en la ciencia. Ya no creemos en la verdad objetiva. La historia es solamente propaganda o mitología. Lo único en lo cual tenemos confianza es lo que experimentamos. Aunque estos dos enfoques de encontrar la verdad parecerían no tener nada en común, en lo fundamental son muy similares.

Al final se trata de limitar en quién confiamos.

Ya sea que estemos confiando en nuestra investigación o en nuestra experiencia, aún seguimos intentando llegar al mismo lugar. Intentamos hacernos camino a través de las otras preguntas para llegar a las que arden dentro de nuestra alma:

¿Por qué estoy aquí? ¿Hay significado en mi existencia? ¿Estoy aquí por accidente? Si no, ¿quién me puso aquí?

Y a propósito, Dios, si estás ahí, ¿te importaría hablar?

Si hay un *porqué* para nuestra vida, entonces también hay un *quién*. Si hay un *quién* detrás de nuestra existencia, entonces hay sentido en nuestra vida. Pero la vida no siempre tiene sentido; por lo tanto, comienzas a preguntarte: si existe un Dios, ¿se puede confiar en Él? Creo que aquí es donde comenzamos a abordar el reto de la fe.

Fe es simplemente la palabra para «confianza» cuando se utiliza en relación con Dios.

En una breve conversación que mantuve una tarde con un invitado, esto quedó aún más claro para mí. Yo sabía que él estaba incómodo, y quería respetar su espacio, pero quería darle una oportunidad de compartir su historia. Después de hacerme saber educadamente que la iglesia y Dios no eran sus cosas, le pregunté cuáles eran. Él pasó a describirse a sí mismo como un humanista secular, y añadió que también era un existencialista y no veía necesidad alguna de Dios.

La conversación podría haberse dirigido hacia muchos lugares, pero yo vi algo en su mirada que había visto muchas veces antes.

Estoy seguro de que mi siguiente comentario debió haberle parecido que salía de la nada; pero si lo que dije fue una sorpresa para él, su respuesta fue incluso más sorprendente para mí.

Le dije: "Debes haber sido realmente herido en algún momento en tu vida".

A lo largo de los años, he descubierto que el cinismo es un camino de escape. Has creído, has confiado, te has situado ahí fuera, y te han herido. Alguien te mintió, o te traicionó, o quizá fue incluso Dios. Él no intervino cuando lo necesitabas, de modo que te retiras al único lugar que conoces. Te escondes en el interior de tu propia alma y decides que no puedes confiar en nadie sino en ti mismo. Al final, esto se encuentra en el núcleo de la senda que nos conduce a confiar solamente en nosotros mismos.

Por lo tanto, en lugar de hacerle una pregunta filosófica, solamente le hablé sobre su propio dolor, su propio pasado, su propia historia. Su respuesta nunca me ha abandonado. Tras una larga pausa, casi podía oír por cómo trabajaba mucho su cerebro.

Él respondió simplemente: "Quizá".

"Quizá": qué extraña respuesta.

Si le hubiera preguntado: "¿Sabes que Dios te creó a su imagen y semejanza?", podría haberlo visto responder: "Quizá".

O si hubiera propuesto que Dios había intervenido en la historia humana en la persona de Jesucristo, vivió una vida perfecta, fue crucificado, enterrado y resucitado de la muerte, podría haberlo oído decir: "Quizá".

El único conocimiento que requería esta respuesta era conocer su corazón.

Pero él estaba perdido en la tierra del "quizá".

Fue Friedrich Nietzsche quien concluyó: "No hay ningún hecho, solamente interpretaciones".

> La verdadera lucha no es con conocer el mundo que está más allá de nosotros,
>
> sino con conocer el mundo en nuestro interior.

SI DESCARTES NOS HIZO COMENZAR CON: "PIENSO, LUEGO EXISTO", ENTONCES hemos llevado muy lejos eso hasta llegar a: "Siento, luego es cierto". Oímos eso en nuestro lenguaje cotidiano. Hablamos sobre nuestra propia verdad personal, o descartamos la opinión de otra persona diciendo: "Bueno, esa es tu verdad". La verdad es ahora una posesión personal. Donde anteriormente buscábamos la verdad, ahora creamos la nuestra.

El problema es que es más difícil engañar a nuestra alma que a nuestra mente.

Podemos hablarnos a nosotros mismos para creer casi cualquier cosa, pero eso es el equivalente espiritual de vivir con el medicamento Prozac. Todo parece bien hasta veinte años después, cuando te despiertas y te das cuenta de que no sientes nada. No confundas la necesidad de verdad de tu alma con ser tú mismo la fuente de la verdad. Tu alma anhela creer. El peligro está en no tomar esto con la seriedad suficiente y conformarte con creer casi en cualquier cosa.

Vivimos en una época de interminable información y conocimiento sin precedente, y nos hemos vuelto cada vez más incapaces de conocernos a nosotros mismos. No dudamos solamente de la existencia de Dios; nos ahogamos en la inseguridad en nosotros mismos. La búsqueda de la verdad es algo más que una búsqueda intelectual; es el anhelo del espíritu humano. Si nos encontramos frustrados en esta búsqueda, nos volvemos vulnerables a rendir nuestra búsqueda y decidimos evadir nuestra búsqueda renunciando a la verdad o, incluso más peligroso, convenciéndonos a nosotros mismos de que somos la fuente de la verdad.

Estamos conectados incluso compulsivamente al sentido. Le damos sentido a todo. Agarra una pluma o bolígrafo y comienza a darle golpecitos contra tu escritorio. Tan solo comienza a escuchar ese sonido arbitrario y sin sentido que estás haciendo. En el año 1837, Samuel Morse y Alfred Vail desarrollaron una secuencia de códigos que comenzó a conectar puntos y guiones para convertirlos en letras. Este sistema de comunicación mediante lo que parecerían ser sonidos sin sentido se convirtió en una manera importante de comunicación mediante el telégrafo. Lo que antes eran solamente marcas largas y cortas, tonos o pulsos, pronto se convirtieron en un fundamento para el lenguaje.

Hablando de lenguaje, hay otro lugar donde los seres humanos somos capaces de crear sentido. En realidad, si lo dividimos, el lenguaje no es nada más que un número específico de sonidos utilizados para construir y comunicar sentido.

Solamente enciende la televisión en coreano o sumérgete en cualquier idioma del que no conozcas nada. No es otra cosa sino ruido sin sentido para ti: ininteligible, sonidos indescriptibles. Pero cuando aprendes un idioma, todo ese ruido pasa a tener sonido, y ese sonido pronto comienza a comunicar sentido.

¡Ah! Y cuando abres ese diccionario o cuando estás leyendo estas páginas, ¿qué estás mirando realmente? No son otra cosa sino símbolos.

Fue un muchacho de quince años de edad, que se quedó ciego por un trágico accidente, quien encontró sesenta y tres maneras de utilizar una célula de seis puntos para comunicar sentido. A los doce años de edad, Louis Braille había comenzado un viaje que conduciría al desarrollo de un sistema de lectura y escritura para las personas ciegas. Imagina encontrar un modo de hacer que seis puntos relaten cualquier historia, comuniquen cualquier teoría, y le den sentido a lo que ha quedado oscuro.

Lee esto: Fjislghiel. ¿Significa algo para ti? No lo creo; tampoco significa mucho para mí. ¿Y qué de esto: /SKWROEU? ¿Significa algo para ti? Ahora bien, para Holly eso es otra cosa. Lo que estamos leyendo es la versión estenográfica de la palabra *alegría*. Por lo tanto, cuando Holly me oye decir la palabra *alegría*, su equipo de reporte en tribunales lo traduce a /SKWROEU, lo cual no significa nada para nosotros hasta que vuelve a ser traducido como estos símbolos: A-L-E-G-R-Í-A. Y sabemos exactamente lo que eso significa.

Mientras estoy sentado ante mi computadora, mi esposa Kim me entrega un glosario de términos. Me toma unos minutos reconocer el idioma. Comprueba tus habilidades en los idiomas:

GMTA

FYE

WDSLM

LOL

TMI

YOYO

En caso de que necesites ayuda, son los símbolos en inglés para decir: "Las grandes mentes piensan igual" (Great Minds Think Alike); "Para tu entretenimiento"(For Your Entertainment); "¿Por qué ella no me quiere?" (Why Doesn't She Love me?); "Risa en voz alta" (Laughing Out Loud); "Demasiada información" (Too Much Information); "Tú solo" (You Yourself).

Todos estos caracteres no son diferentes a los símbolos ininteligibles. Son líneas, curvas y ángulos organizados juntamente en un patrón que de algún modo comunica un sentido específico a cada persona que entiende ese idioma específico. Esto, a propósito, es el idioma español: caracteres individuales que se unen para crear sentido. Abre tu diccionario y en lugar de leer las palabras reales, recorre la página hacia abajo sin leer otra cosa sino su deletreo fonético. Eso te dará una imagen clara de lo que está sucediendo. El Kanji chino, por otro lado, es un idioma en forma de arte con un número aparentemente interminable de símbolos, cada uno de los cuales contiene una historia.

Le damos sentido a golpes, damos sentido a sonidos, damos sentido a símbolos; incluso damos sentido a olores, colores, expresiones faciales, movimientos de manos y toque. Somos máquinas de sentido. Incluso a veces leemos sentido que no están ahí o intentamos leer entre líneas. Tenemos tantos matices que incluso llegamos a preguntarnos: *Escuché lo que él dijo, pero ¿es eso lo que realmente quería decir?*

Recientemente vi un reporte sobre cómo Disney ha abierto Disney Tokio. Se parece mucho a Disneylandia en California o Disney World en Florida, excepto que tuvieron que incorporar a un experto en feng shui porque el diseño tiene implicaciones espirituales para su clientela asiática. Damos sentido al espacio y el lugar. Desde códigos binarios hasta códigos de vestimenta, todo tiene algún sentido para nosotros. A decir verdad, nuestra necesidad de definir y describir, de entender y explicar, de demostrar y refutar, está fuera de control. Estamos diseñados para el sentido y desesperados por encontrarlo.

Damos sentido, incluso, a cosas sin sentido. Eso, sin duda, se llama superstición.

La superstición es, por decir lo mínimo, una relación inadecuada entre causa y efecto. Ya sabes, pisa una grieta y tu mamá se romperá la espalda; siete años de mala suerte por romper un espejo; llevar puesto una cruz, pero vivir en el infierno; el 777 es bueno, pero el 666 es malo, a menos que seas asiático y entonces los cuatro son malos y los ocho son muy buenos. A propósito, yo nací el 28/8/58. Me siento muy bien con eso. Las supersticiones son interminables y están en todas partes, y es ahí donde nuestra necesidad de sentido puede volverse trágica.

LO BONITO DE UNA BÚSQUEDA DE LA VERDAD ES QUE PODEMOS MANTENERLA impersonal. Nuestro lenguaje puede hacer que parezca que nuestro interés en lo que es real es tan solo cuestión de investigación. Es solamente una búsqueda objetiva. Pero existe una sutil diferencia entre verdad y sinceridad. Podemos estar en una búsqueda de la verdad, pero nunca ser sinceros con nosotros mismos. No existe tal cosa como un proceso puramente objetivo, al menos mientras esté involucrado un ser humano.

Ya sea que nos guste admitirlo o no, la observación siempre se ve afectada no solo por lo objetivo, sino también por lo subjetivo. Aportamos a la búsqueda nuestras propias percepciones. Si de algún modo nuestras observaciones pudieran ser puramente objetivas, nuestras opiniones y predisposiciones inevitablemente afectarían las conclusiones derivadas. Los datos no son información hasta que los datos son interpretados. En otras palabras, para que algo tenga sentido para nosotros no puede permanecer fuera de nosotros. No estudiamos información simplemente y después llegamos a una conclusión; la absorbemos y llegamos a una interpretación personal de lo que es real.

Estaba yo escuchando un discurso en el cual el orador se refería a estudios de neurociencia que describen el proceso desde el cual el cerebro humano reúne y alberga información. Él explicaba que cuando el cerebro humano absorbe información, esa información es una parte de datos y seis partes de emoción. Ahora bien, esa es una idea fascinante: que todo lo que recordamos está envuelto en todo lo que experimentamos. Cuando reflexionamos en esto, tiene todo el sentido.

Pasas horas y horas estudiando libros, repasando charlas, y escuchando audios con la esperanza de poder sobresalir en un examen de química. Pero aunque no tomaste ningún tiempo en absoluto para intentar memorizar tu niñez, los recuerdos son vívidos. Yo puedo decirte exactamente lo que llevaba puesto mi esposa Kim la primera vez que la conocí. Era un vestido negro con flores color púrpura y zapatos negros. A propósito, no tenía ni idea de que ella se convertiría en mi esposa.

Mientras más emociones haya vinculadas a una experiencia, más fácil nos resulta retener los datos.

Si la neurociencia tiene razón, no hay ni una pizca de información objetiva en tu cerebro; todo está envuelto por la experiencia y la emoción. Quizá no sea justo que nos gusten las matemáticas cuando se nos dan bien. Quizá es también que se nos da bien algo cuando nos gusta. Precisamente el hecho de que tengamos una experiencia positiva hace que nos resulte más fácil retener grandes cantidades de información.

Por lo tanto, ¿cómo afecta esto nuestra búsqueda de sentido? ¿Cuáles son las implicaciones cuando se trata de nuestra búsqueda de la verdad? La verdad nunca es simplemente objetiva; nunca es puramente impersonal. Cualquier cosa que concluyamos que es verdad llega a nosotros mediante un proceso que es informado tanto por nuestras experiencias como por nuestras percepciones.

Nuestra búsqueda de la verdad es profundamente personal.

A pesar de lo mucho que nos guste pensar en nosotros mismos como totalmente objetivos, la búsqueda de sentido de cada uno comienza en lo subjetivo y termina en lo subjetivo. Sea cual sea el modo que decidas sobre el mejor proceso para evaluar lo que es cierto, comenzó cuando te planteaste la pregunta: ¿Qué está sucediendo realmente aquí? Y ya sea que te sientas cómodo al reconocerlo abiertamente, siempre termina con: *Esto es lo que yo creo que es verdad*. El viaje para cada uno es subjetivo-objetivo-subjetivo, lo cual me hace preguntarme si nuestra búsqueda de la verdad no es nada menos que un S.O.S.

Cuando yo tenía unos ocho o nueve años, me encantaba leer ciencia ficción. Robert Heinlein, Andre Norton y Ray Bradbury se unen a la lista de los autores más conocidos, J. R. R. Tolkien y C. S. Lewis. En algún lugar en el camino leí sobre un hombre que se volvió loco, no por su habilidad para contar cada gota de lluvia que caía, sino por su enloquecedora habilidad para contar los espacios entre ellas. Desde entonces he sentido fascinación por cómo procesamos la información; no solo cómo llegamos a saber cosas, sino qué cosas escogemos conocer.

Claramente, no podemos conocerlo todo. Incluso el intento de hacerlo da como resultado la locura. La genialidad podría ser menos cuánto sabemos y más la habilidad para conocer las cosas correctas.

¿Alguien necesita realmente saber cuántas gotas de lluvia cayeron sobre la ciudad el año pasado? Si lo piensas, es tan importante no saber ciertas cosas como lo es saber cualquier cosa. Lo que entiendo es que el Trastorno de Déficit de Atención es el resultado de una sobrecarga de información. Para operar eficazmente, tenemos que ser capaces de filtrar la información.

Donald E. Broadbent hizo varios estudios a finales de la década de los cincuenta sobre la percepción humana. Básicamente propuso que nuestro sistema perceptual procesa solamente aquello que cree que es más relevante. Cada uno de nosotros tiene percepción sensorial selectiva (SSP, por sus siglas en inglés). Evita que contemos las gotas de lluvia y seamos totalmente inconscientes de los espacios que hay entre ellas. Cuando funciona bien, ni siquiera lo notamos; pero algunas veces nuestro SSP nos traiciona.

Vas conduciendo por un cruce. Lo siguiente que sabes es que escuchas un fuerte ruido de choque. No lo viste llegar. De hecho, en el reporte policial describes que el conductor "salió de la nada". Lo que sucedió realmente fue que tu SSP filtró información fundamental tratándola como irrelevante.

Thomas Kuhn, cuyas teorías se desarrollaron en torno a la misma época que las de Broadbent, introdujo el concepto de los paradigmas. En su trabajo trascendental, *La estructura de las revoluciones científicas*, él propone que todo trabajo científico requiere un marco establecido desde el cual se percibe la realidad; en otras palabras, un paradigma. Un paradigma es esencial en cuanto a que nos permite participar en el mundo exterior con la constancia necesaria para observarlo y hacer predicciones.

Al mismo tiempo, define la realidad y desacredita o reorganiza cualquier información que contradiga nuestra actual perspectiva de la realidad. Aunque nuestro paradigma nos ayuda a lidiar con la realidad, también nos ciega a nuevas realidades.

Nuestros paradigmas pueden hacernos incapaces de ver lo que es real. Tanto Broadbent como Kuhn plantean importantes advertencias en nuestra búsqueda de sentido. Como cuando nuestro SSP no ve llegar al auto directamente hacia nosotros o cuando nuestro paradigma nos ciega a una realidad siempre presente, nuestras creencias y experiencias presentes, en realidad, pueden hacernos inconscientes de la prueba abrumadora de Dios que nos rodea.

Fue Rene Magritte quien observó: "Cada cosa que vemos esconde otra cosa que queremos ver".

Sin embargo, en un desliz al hablar, el psicólogo Thane Pittman declaró involuntariamente: "Lo veré cuando lo crea".

Podríamos descubrir que eso es más cierto que lo contrario.

PROBABLEMENTE LA PREGUNTA RECURRENTE QUE RECIBO DE PERSONAS QUE batallan con la existencia de Dios concierne al asunto de la maldad y el sufrimiento humano. Es un poco difícil creer en Dios cuando Él permite que hagamos tal caos con el mundo. Es como cuando los niños causan estragos porque están solos en casa. Sí, los niños deberían haber sido más responsables, pero los padres deberían haber sido más inteligentes. ¿O eran ellos totalmente inconscientes de lo que sus hijos eran capaces?

La versión breve del argumento discurre según estos términos: *Si hay un Dios, ¿por qué permite que sucedan cosas tan horribles?*

Por lo tanto, digamos que no hay Dios.

Si estamos de acuerdo en que no hay Dios, ¿sigue habiendo maldad en el mundo? ¿Seguimos viviendo en un planeta lleno de violencia? ¿Sigue nuestra historia manchada por el asesinato, la opresión y la corrupción? ¿Sigue habiendo cientos de miles de personas que mueren de hambre mientras nosotros tiramos lo que nos sobra insensiblemente?

Si no hay Dios, ¿sigue habiendo maldad?

La respuesta, sin duda, es sí.

Bueno, si no hay Dios y seguimos teniendo un problema de maldad, ¿quién debería ser el responsable?

Lo bueno sobre Dios

es que podemos culparlo a Él
de todo.

Pero la pregunta permanece: ¿quién tiene la culpa?

¿Quién tiene la culpa de que millones de personas vayan a morir de SIDA en África? ¿De que millones de niños se queden huérfanos y muriendo de hambre sin ayuda ni esperanza? ¿De que prendan fuego a mujeres en India para que sus esposos puedan estar libres para casarse con otra y conseguir otra dote? ¿De que millones de personas sean enterradas en los campos de muerte de Camboya? ¿De que millones de niños vivan entre desechos de basura urbana por toda América Latina, sin techo y solos?

No hay Dios, de modo que no podemos culparlo a Él.

Ahora que hemos eliminado a Dios, ¿quién queda?

Lo único que nos queda somos nosotros.

Parte de nuestro problema en darle sentido a la vida es que ni siquiera podemos darnos sentido a nosotros mismos. Queremos culpar a Dios porque no queremos hacernos responsables de nuestro caos. Dejamos de creer en Dios porque Él no lo cambiará. ¿Es posible que, de hecho, Dios existe y nosotros seguimos siendo plenamente responsables de la condición humana?

¿Es posible que Dios nos creó con el poder para crear el mundo que nosotros decidiéramos?

En verdad, no somos nosotros quienes tenemos derecho a estar enojados con Dios, sino que es Dios quien tiene derecho a estar enojado con nosotros. Generalmente, lo que sigue es nuestro movimiento que indica que aun así Dios es quien tiene la culpa. Incluso si es culpa nuestra, ¿por qué Dios no lo soluciona? Exactamente, ¿cómo haría Él eso? Consideremos las opciones.

Para que Dios creara un mundo perfecto, parece haber un número posible de escenarios limitado. El primer escenario es que Él podría deshacerse de todos nosotros. Eso solucionaría bastante el problema enseguida. Personalmente no estoy a favor de esa opción, de modo que pasemos a la siguiente. Él podría controlar cada uno de nuestros pensamientos, cada una de nuestras emociones, cada uno de nuestros motivos, cada una de nuestras acciones. Como Él es Dios, podría hacerlo de tal modo que sintiéramos que teníamos libre albedrío.

Seríamos los productos de una fantasía creada divinamente, una utopía. Esta versión sería una versión ampliada al tamaño del planeta de *Las esposas de Stepford*, ya sabes, el lugar donde todo es perfecto porque en realidad no puedes decidir por ti mismo. No estoy a favor de un mundo donde no tengamos libre albedrío, donde decidir sea un espejismo. Estoy personalmente agradecido de que Dios nos haya creado como criaturas pensantes, con la capacidad de decidir.

Para que Dios nos cree de tal modo que podamos escoger lo que es bueno, agradable y hermoso, también debe permitirnos la libertad para escoger lo que es corrupto, falso y destructivo.

La mayoría de nosotros queremos que Dios arregle cada decisión equivocada que tomamos sin que nos arrebate nuestro derecho a escoger equivocadamente. Queremos convertir a Dios en nuestro propio recogedor de basura que está a nuestras espaldas, limpiando nuestro caos. Dios nos permite hacer nuestra cama y nos hace tumbarnos en ella.

Hay otra opción, sin embargo. Dado que hay un Dios, que Él se interesa por la humanidad y está profundamente turbado por la condición humana, ¿cómo podría Dios proceder para abordar activamente el dilema humano? Si Dios se niega a arrebatarnos nuestro libre albedrío y se niega a dejar al mundo en su estado actual, ¿qué puede hacer?

Aquí tenemos una posibilidad interesante: Él podría cambiar nuestros corazones. Podría llevarnos por un proceso que nos haría pasar de la avaricia al altruismo, que nos haría pasar de la indiferencia a la compasión, que nos haría pasar del odio al amor, que nos haría pasar de la apatía al activismo. Si Él pudiera cambiarnos, podría cambiar el mundo (otra versión: al cambiarnos a nosotros, Él puede cambiar el mundo).

Hubo una vez un ciudadano romano llamado Saulo de Tarso que era un fanático religioso y un asesino, y finalmente tuvo un encuentro con Jesucristo. Se le conoce mejor como Pablo. Él pasó de una vida de condenación y violencia a llegar a ser el defensor del amor, la esperanza y la fe.

Puede parecer demasiado simple, pero el mundo cambiará cuando nosotros cambiemos.

ENTRADA 14   LA VERDAD ES QUE SE TRATA DE CONFIANZA

EL MUNDO MEJORARÁ CUANDO NOSOTROS MEJOREMOS. CON TODO EL PROGRESO
que hemos hecho desde la Ilustración, tenemos que ser sinceros con
nosotros mismos y admitir que no estamos mejorando, y esto es una
razón por la cual estamos perdiendo rápidamente nuestra confianza
en la ciencia. Hubo un tiempo en el que la ciencia era nuestra promesa
de un mundo mejor. Superaríamos nuestros peores instintos primiti-
vos. Esto, en parte, era la esperanza de la Iluminación: que nos educa-
ríamos a nosotros mismos y nos elevaríamos saliendo de la violencia.

Éramos los maestros del progreso, y algún día ya no nos odiaría-
mos unos a otros, abusaríamos del poder, instigaríamos guerras, o
de ninguna manera seríamos inhumanos. La ciencia era una promesa de progreso. Habíamos superado a Dios. Ya no lo necesitábamos a Él para hacernos buenos. No solo podríamos ser buenos
sin Dios, sino que también mediante nuestros logros podríamos
realmente mejorarnos a nosotros mismos.

Entonces llegaron Hiroshima y Nagasaki. Incluso si nos encontramos en el lado ganador, algo en nuestras entrañas nos dijo que todos
éramos perdedores en esto. La ciencia no estaba creando un mundo
mejor para nosotros, sino un mundo más peligroso. Parece como si
pudiéramos mejorar en todo excepto en nosotros mismos.

Si la ciencia y Dios son enemigos, ¿cómo es que tendemos a culpar
a Dios incluso por lo que la ciencia corrompe?

Incluso Einstein reconoció que el problema estaba en nuestro interior:
"La liberación de potencia atómica ha cambiado todo excepto nuestro

modo de pensar. La solución a este problema radica en el corazón de la humanidad. Si lo hubiera sabido, debería haber sido relojero".

En otras palabras, es mejor mantenernos estúpidos si no podemos llegar a ser buenos. Mientras menos tecnología tengamos, menos daño podemos hacer.

Fue a mitad del siglo pasado cuando supimos que toda la tecnología del mundo no crearía para nosotros el paraíso que se había perdido. Quizá era correcto concluir que no podemos confiar en la religión, en la filosofía, en la historia, en el gobierno ni en las instituciones, pero lo que sabemos con seguridad es que no podemos confiar en la ciencia, y todo por la misma razón. Todas esas cosas están relacionadas con las personas, lo cual nos lleva a la relación inseparable entre verdad y confianza.

Cuando yo era estudiante de filosofía en la universidad, me asombró que cada escritor y cada sistema de creencias tenían algo en su interior que era persuasivo. Sin embargo, finalmente quedó claro que cada sistema de pensamiento tenía enormes huecos y defectos. Aun antes de llegar a ser un seguidor de Jesucristo, incluso cuando me consideraba a mí mismo un socrático, podía ver que al final todo se reduce a la fe. Me encontré pasando de una perspectiva a otra y después a otra. Y yo tenía toda la pasión de la juventud para respaldarlo. Después de un tiempo comencé a ver las creencias como fluidas, intercambiables y desechables. No podía evitar preguntarme si Locke, o Hume, o Rousseau realmente sabían más que yo. Ellos eran claramente más inteligentes que yo, pero tenía la seguridad de que tras puertas cerradas, ellos estaban igual de inseguros.

Todos éramos vagabundos en el mismo bosque intentando encontrar un nuevo sendero de verdad.

Algunos creían que Dios estaba más adelante en el camino. Otros estaban convencidos de que todo era un callejón sin salida. Quizá no teníamos nada en común excepto que todos estábamos perdidos e intentando encontrar nuestro camino. Es difícil ser el guía cuando tú mismo no sabes hacia dónde vas.

En medio de toda esa incertidumbre, hicimos un cambio de buscar las respuestas a mirar las preguntas, razón por la cual me gustaba tanto Sócrates (sin mencionar que él estuvo dispuesto a morir por sus convicciones). Incluso cuando no sabemos lo que es finalmente verdad, la mayoría de nosotros seguiríamos a alguien en quien tuviéramos plena confianza. Existe una relación inseparable entre verdad y confianza, y parece que Dios está perdido entre ambas.

La precisión es menos importante para nosotros que la autenticidad.

Si nadie conoce la respuesta, ¿conoce alguien el camino?

Comencé a buscar la verdad de una manera totalmente nueva. Ya no buscaba la mejor idea, sino la mejor vida. Cualquier cosa en la que llegara a creer, no podía simplemente cambiar de idea, sino que tenía que cambiar mi vida. ¿Había alguna verdad ahí fuera que no solo valiera la pena creer, sino llegar a serlo? ¿Cómo se ve una idea cuando se le pone cuerpo? Es ahí donde Jesús entró en escena. Sus palabras iban directamente al punto. La suya era algo más que una afirmación de conocer la verdad; afirmaba que Él *era* la verdad. La implicación de esta afirmación es inmensa. ¿Es posible que la verdad sea más que una idea y se encuentre en Dios? Lo que Jesús nos está diciendo es que la verdad existe en Dios y viene de Dios.

Cuando buscamos la verdad, buscamos a Dios. Nuestra alma anhela a Aquel que es verdadero.

La verdad no existe en un vacío. La verdad existe porque se puede confiar en Dios. Cuando nuestra alma nos impulsa a buscar la verdad, en realidad estamos anhelando a Dios. Es más fácil simplemente confiar en mí mismo. Si piensas que es fácil creer en Dios, ni siquiera puedes comenzar a imaginar cuán difícil es poner tu confianza en Él. Yo había pasado de buscar un sistema de creencias a buscar a alguien en quien pudiera creer. En cierto modo, había pasado de la verdad a la confianza.

Esto está en el núcleo de nuestra búsqueda de sentido.

EL DOMINGO SANGRIENTO CONDUCE AL
LUNES BARATO

HACE VARIOS AÑOS ME INVITARON A UN DIÁLOGO CON DALLAS WILLARD, profesor de filosofía de la Universidad del Sur de California, donde él propuso una idea que fue a la vez refrescante y asombrosa. Miró a un grupo de filósofos, académicos y líderes espirituales y propuso que se requería a los seguidores de Jesucristo buscar la verdad dondequiera que les condujera.

Jesús buscó la verdad independientemente de dónde lo llevara esa búsqueda. La verdad definió su viaje a pesar de cuáles fueran las implicaciones o las consecuencias. Él nos llama a nada menos que eso. Él no lo aceptaría de otro modo. Yo fui afectado profundamente por esa idea. Las implicaciones, desde luego, son asombrosas... Para ser leal al camino de Jesús, no puedes seguir con una lealtad ciega.

Nunca se puede justificar alguna creencia o acción en la que conscientemente niegues lo que es verdadero, incluso si eres llamado a hacerlo en el nombre de Dios.

El nombre y la reputación de Jesús han sido absolutamente arrastrados por las cloacas mediante las acciones de quienes han secuestrado la fe cristiana. Hoy mismo estaba leyendo sobre una nueva empresa de pantalones tejanos en Suecia, cuyo dueño es un activista contra el cristianismo.

Cheap Monday (Lunes Barato) es un pantalón tejano *punk-rock*, de tendencia y ajustado, que es a la vez popular y controvertido. Su logo es una calavera con una cruz bocabajo en la frente. El fabricante del pantalón dice que no es más que una broma, pero su diseñador dice que hay un mensaje más profundo.

"Es una declaración activa contra el cristianismo... Atldax insiste en que él tiene un propósito más allá de vender mahones: hacer que las personas cuestionen el cristianismo, al cual denomina una 'fuerza de maldad' a la que culpa de provocar guerras a lo largo de la historia".

Prepárate. Ya están en Noruega, Dinamarca, Gran Bretaña, Holanda, Francia, Australia, y están de camino a los Estados Unidos. Sería una tragedia dejar que las personas se perdieran a Jesús debido a cosas impensables hechas en su nombre. Y aunque ser un seguidor de Cristo requiere una vida de fe, también requiere un amor por la verdad. Para representar bien a Jesús, no podemos vivir vidas irreflexivas.

Jesús nunca nos llamó a seguirlo sin pensar o reflexionar. Esto es importante porque se han hecho muchas cosas en el nombre de Jesús que la historia ha demostrado que no solo fueron desacertadas, sino incluso inhumanas. No se puede ignorar diciendo: "Bueno, la iglesia me dijo que hiciera eso". La historia habría sido un lugar mucho mejor sin las Inquisiciones y las Cruzadas, sin mencionar al Ku Klux Klan, pero todas ellas han utilizado una cruz para marcar el camino. Es una idea fascinante que Jesús prefiere que hagamos lo correcto a que hagamos lo que es "cristiano".

Anteriormente mencioné que maté a un ave. Podría haber sido un ruiseñor. Espero que no, porque es el ave del estado de Florida y creo que eso hace que sea ilegal matarlos. La novela clásica de Harper Lee me recuerda que es un pecado *matar a un ruiseñor*, porque ese pájaro no hace otra cosa sino dejar que su corazón cante para nosotros. Estupendo, eso hace que todo empeore. Con toda la violencia que se ha llevado a cabo en el nombre de Dios, necesitas saber que Jesús claramente nos enseñó otro camino. No debemos ser como los ciudadanos condenatorios y asesinos de Maycomb, sino más bien como el movimiento de Atticus Finch, defendiendo al inocente y luchando por la justicia.

TE GUSTE O NO, NECESITAS CREER.

Tienes que escoger en qué creerás y tienes que escoger cuán poco o mucho creerás. Ya estás en un universo de creencia. Sea que creas en la ciencia, en Buda, en Jesús, en Oprah o en ti mismo, crees en algo. Aunque quizá has pensado que estás por encima de la necesidad de creer, eres como el resto de nosotros.

Tú escoges en lo que crees, pero no tienes voz en tu necesidad de creer. En realidad no deberías necesitar darle sentido a la vida para disfrutarla, pero ahí está cada día fastidiándote.

Creer como un ejercicio intelectual es bastante difícil, pero nuestra necesidad de creer es mucho más profunda que eso. La Ilustración cambió lo que significa creer. Creer puede significar nada más que estar de acuerdo con los datos. Cuando Jesús habló de creer, se refería a algo muy diferente. Creer es envolver tu alma en algo. Creer en Dios tiene que ver con confiar. Aquello en lo que crees es en lo que confías y, más importante, en quién confías.

La pérdida de la verdad no es tanto racional como relacional. Cuando concluyes que no puedes confiar en nadie, te encontrarás concluyendo rápidamente que no hay ninguna verdad. El rechazo de los absolutos tiene mucho que ver con nuestra desconfianza en la autoridad, al igual que en todo lo demás. Hemos creado un nuevo tipo de paranoia: todos pretenden engañarnos. Cuando decidimos que no nos queda nadie en quien confiar, lo único que nos queda es salir corriendo y escondernos. Cuando declaramos que la verdad no puede conocerse, en realidad estamos diciendo que no se puede confiar en nadie.

"Esa es solamente tu verdad" es otro modo de decir: "No confío en ti". Tú no eres una fuente válida de información. Lo que tú consideras un hecho, yo lo considero una opinión. La verdad personal no requiere ninguna valoración externa, solamente sinceridad. Es un retiro de nuestra búsqueda de significado. Es nuestro intento de escapar al torrente de engaño y traición que nos ha conducido a huir y escondernos precisamente de lo que nuestra alma anhela.

Cuando lo único que defiendes es verdad subjetiva, en realidad estás declarando que tú eres el único en quien se puede confiar, y ese es un lugar que da bastante miedo, cuando te das cuenta de que todos nosotros estamos llenos de baja autoestima y estamos limitados en lo que sabemos.

Al final, todo se trata de confianza. ¿Se puede confiar en alguien? ¿Hay alguien que sea digno de confianza? La verdad es algo muy personal. La verdad no es simplemente algo que llegamos a conocer, sino algo que se convierte en parte de nosotros. Cualquier cosa que concluyamos que es verdad afecta directamente no solo lo que creemos, sino también quiénes llegamos a ser.

Margaret Wheatley nos recuerda que la información a la vez nos informa y nos forma. Esto es especialmente cierto cuando se trata de nuestra búsqueda de significado. Cualquier cosa que no es verdad es irrelevante y poco importante; simplemente no importa.

Por lo tanto, si no crees que existe Dios, Él se vuelve irrelevante para tu vida.

Si no crees que hay realmente una hambruna en África, es irrelevante para tu vida.

Si no crees que hay una crisis medioambiental con el deterioro del ozono, eso es irrelevante para tu vida.

Ninguna hambruna, ninguna necesidad de generosidad.

Ninguna crisis de ozono, ninguna necesidad de controles de emisiones.

Ningún Dios, ninguna necesidad de humanidad.

**LA VERDAD NO ES ALGO QUE CONCLUYES;
LA VERDAD ES ALGO QUE LLEGAS A SER.**

Quien decidas que es digno de confianza

se convierte inevitablemente

en tu fuente de verdad.

ENTRADA 16   LA VERDAD EVENTUALMENTE SE VUELVE PERSONAL

NUESTRA NECESIDAD DE CONFIAR NOS DA PERSPECTIVA DE NUESTRA búsqueda de la verdad. Hace varios años atrás me invitaron a hablar en una conferencia nacional para inversionistas de Wall Street, en San Francisco. Recuerdo que alguien mencionó que el fondo más pequeño rondaba los nueve mil millones de dólares. Eso era unos nueve mil millones de dólares más que mi cuenta personal de inversión. Uno de nuestros líderes espirituales y empresariales había asegurado la oportunidad de que yo hablara sobre tendencias futuras y de la necesidad de ética en el mundo de Wall Street. Estábamos sentados a la mesa la noche antes de que comenzaran mis presentaciones, y antes de que la mesa estuviera completa con todos los invitados asignados en sus asientos, los demás comenzaron a charlar sobre el inversionista que aún no había llegado.

Para resumir la descripción, él era brillante, duro, exitoso, profesor de economía y graduado de Harvard. Finalmente él se unió al grupo, y unos minutos después me preguntó quién era yo y a qué me dedicaba. Rick Yamamoto, que me había llevado allí, explicó que yo era el futurista que iba a hablar al día siguiente. Nos habíamos conocido no más de tres minutos antes, y él ya se sentía libre para burlarse de mí abiertamente.

Me encanta cuando las personas son amigables conmigo, y se sienten cómodas.

Él se burló del concepto de un futurista, y pasó a desarrollar que los futuristas habían proyectado la población estadounidense y habían errado en cien millones. Su conclusión, desde luego, era que si los futuristas ni siquiera pueden adivinar cuántas personas van a estar aquí en este momento, ¿hay algo que puedan entender correctamente? Yo pasé a explicar que existe una diferencia entre un futurista y un psíquico. Mi experiencia particular era mirar los valores humanos y proyectar a dónde nos llevarán nuestros valores.

Realmente no creo que él estuviera escuchando al principio, tan solo a la espera de que yo respirara para así poder retomarlo donde lo había dejado: "¿Quieres saber qué es lo que hace girar al mundo? ¿Quieres una explicación para lo que está sucediendo alrededor del mundo y lo que determinará hacia dónde vamos? Es todo economía. No es otra cosa sino economía".

Aquello fue una gran sorpresa, viniendo de un economista. Incluso la mesa llena de inversionistas comenzó a protestar, aunque solo fue ligeramente. Creo que para su sorpresa, yo resistí su apoyo y les dije que estaba totalmente de acuerdo si él concedía una sola cosa: la economía no es otra cosa sino el acuerdo sobre el valor. En otras palabras, nada tiene valor hasta que dos o más personas se ponen de acuerdo en lo que vale. Solamente entonces es cuando el valor queda determinado y acordado, y así puede producirse alguna forma de comercio o intercambio.

Él estuvo de acuerdo inmediatamente: "Eso es exactamente correcto".

Entonces regresé a mi punto original: "Lo que hace la economía es darle un valor a las cosas. Lo que yo hago es mirar lo que valoran las personas. Podríamos detenernos ahí, pero eso es solamente la superficie.

"Si quiero hacer bien mi trabajo, necesito profundizar, preguntar por qué valoramos las cosas, y hacer presión contra esos valores y meditar en sus implicaciones.

"Todo se trata de economía, y la economía es simplemente la aplicación externa de los valores.

"Pero si eso es cierto, entonces para entender la economía hay que entender lo que valoran los seres humanos, por qué valoran esas cosas, y cómo cambiamos nuestros valores".

Ese fue el inicio de una conversación estupenda. Duró horas, mucho después de que terminara la cena, mucho después de que las mesas estuvieran recogidas y se hubieran llevado las sillas. Estuvimos sentados allí juntos charlando sobre economía, o quizá fue una conversación sobre valores humanos.

Finalmente le expliqué que mi enfoque principal era el espíritu humano. Él fue rápido en responder: "No creo en el espíritu humano", lo cual condujo a la misma conversación que estamos teniendo en este libro: que existen evidencias intrínsecas de Dios, y que Dios ha puesto dentro de nosotros una prueba innegable de que Él existe. El economista era tan inquisitivo como brillante, y amablemente me invitó a continuar. Finalmente llegamos a este punto a una conversación sobre verdad y confianza.

Yo sugerí que una evidencia intrínseca de Dios es que todos nosotros buscamos la verdad; todos intentamos darle sentido a la vida.

Llevamos eso un poco más lejos, hasta la necesidad de confianza. Su respuesta inmediata fue que la confianza es necesaria para el comercio. Yo tuve que admirarlo por su coherencia. Él creía en el dinero, como yo creo en Dios. Él podía explicar nuestra necesidad de confianza simplemente explicando que tenemos que confiar los unos en los otros para que se produzca el comercio. Nos guste o no, se requiere que confiemos o moriremos de hambre.

Yo dije: "Sí, eso podría explicar por qué hay que confiar en alguien. También podría explicar por qué necesitamos que las personas confíen en nosotros. Ahora bien, ¿puedes explicar por qué tienes en tu corazón querer ser digno de confianza?".

Yo admití que estaba haciendo una suposición, pero le dije que creo que él no es distinto a mí en esto. Yo sí necesito confiar en las personas. No se puede vivir sin confiar en las personas. Y sí necesito que los demás confíen en mí. No se puede lograr nada sin obtener cierto nivel de confianza. Pero yo también sabía que había algo en mi interior que anhelaba ser objeto fiable, y le pregunté si él era distinto a eso.

Él tenía dos opciones muy claras: no tengo deseo alguno de ser digno de confianza, o es más que algo que simplemente necesito ser. Tengo un anhelo de ser digno de confianza, y no tengo ni idea de dónde proviene eso.

Es extraño, pero a menos que el corazón haya sido totalmente endurecido y tu consciencia sea totalmente insensible, incluso cuando mientes hay algo en tu interior que sabe que esto está ahí.

En el peor de nosotros sigue habiendo un deseo que aspira a ser el mejor de nosotros.

Estamos diseñados para confiar, para obtener confianza, y para aspirar a ser dignos de confianza.

Todo esto es parte del modo en que Dios nos ha creado.

Nuestra búsqueda de la verdad, nuestra necesidad de confiar y nuestra batalla para ser fiables son todas ellas evidencias del espíritu humano.

Nunca escaparemos a ellas porque, ya sea que creamos en Dios o no, hemos sido creados a su imagen y semejanza.

Debido a que Dios es veraz, nuestra alma nunca encontrará descanso hasta que nosotros también lo seamos.

ÍBAMOS CONDUCIENDO A CASA UNA TARDE Y LLEVÁBAMOS A NUESTRO sobrino para que disfrutara el día con nosotros. Toda nuestra familia estaba siendo entretenida por esa persona tan habladora, brillante e inquisitiva de nueve años de edad. Pero él seguía repitiendo una frase una y otra vez. Ahora bien, hay ciertas frases en LA que están muy trilladas. Después de cada palabra se añade «*como…*» o «*ya sabes a qué me refiero*». Pero esta era diferente.

Él no dejaba de repetir *de veras*.

Después de cada frase seguía diciendo *de veras*, como si tuviera una necesidad de convencernos.

Me sorprendió ese patrón, de modo que finalmente le pregunté: "¿Por qué sigues diciendo 'de veras'?".

Él respondió sin vacilación. "Es solo que realmente quiero que me crean".

Entonces, añadió sin respirar: "O quizá sea debido a todas las mentiras que he contado en mi vida".

Eso sí que es un niño honesto de veras.

Eso lo dijo un niño de nueve años perspicaz. La fiabilidad de cualquier información es tan buena solamente como su fuente. Si descubres que la fuente no puede ser fiable, de modo natural concluirás que nada de lo que esa persona dijo es veraz incluso si te contó la verdad. La razón de esto es sencilla: a pesar de cuán racional u objetivo intentes que sea un proceso para concluir que algo es veraz, es siempre un acto de fe.

MIENTRAS MÁS FIABLE PUEDAS DETERMINAR QUE ES LA FUENTE, MÁS CORTO SERÁ EL SALTO DE FE.

Cuando estamos buscando la verdad,
lo que realmente intentamos hacer es saber
en quién se puede confiar.

Cuando llegamos a la conclusión de que no se puede confiar en nadie, nos encontramos batallando con la duda y con temor a comprometernos. He mantenido esta conversación una y otra vez: personas solteras que tienen miedo al compromiso del matrimonio, estudiantes que tienen miedo a comprometerse con una carrera, cristianos que tienen miedo a comprometerse con la iglesia, los que buscan a Dios y tienen miedo a comprometerse con Dios. Esta duda está en todos nosotros.

Mientras menos confiemos en alguien, menos probable será que nos comprometamos. Mientras más confiemos en alguien, más fácil será comprometer la vida con esa persona.

Esta es una razón por la cual el enfoque de Jesús se identifica muy poderosamente con mi alma. Jesús no vino defendiendo una idea mejor. Aunque la historia está llena de grandes maestros, ser el mejor de ellos nunca fue el objetivo o la ambición de Jesús. Él nunca dijo a sus discípulos: "Esta es la verdad. Síganla". En cambio, dijo algo más persuasivo. La afirmación de Jesús no fue nada menos que: "Yo soy la verdad".

Jesús pasa la verdad desde el ámbito impersonal al personal.

Él la pasó desde lo racional a lo relacional. Estaba diciendo a sus discípulos que la verdad no es una respuesta; es una persona. No llegamos a conocer la verdad como resultado de una búsqueda académica. Podríamos descubrir un número interminable de cosas que son ciertas a lo largo del camino, pero esa no es la verdad que nuestra alma anhela. A pesar de cuántas cosas verdaderas llegues a conocer, nunca te dejarán satisfecho hasta que encuentres tu camino hacia Aquel que es la fuente misma de la verdad.

Jesús no vino para mostrarnos un camino mejor para llevarnos a una vida mejor, sino que nos invita a conocerlo como Aquel que es el camino, la verdad, y la vida. Si lo único que Dios quisiera fuera asegurarse de que conociéramos la verdad, Jesús no tendría que venir. Habría sido más que suficiente grabar mandamientos en piedra o hacer que los escribas escribieran las páginas de las Escrituras. Pero a pesar de cuán sagradas podría considerar yo la ley de Moisés, las palabras de los profetas o los escritos de los apóstoles, simplemente no son suficientes. Simplemente no es suficiente saber lo que es verdadero. Necesitamos mucho más que eso. Necesitamos conocer a Aquel que es verdadero. Jesús caminó entre nosotros no para poder llegar a conocernos, sino para que nosotros pudiéramos llegar a conocerlo a Él. Dios mismo intervino en la historia humana para qué supiéramos que Él no es solamente la fuente de la verdad, sino que Él es total y completamente fiable.

ENTRADA 18   ¿POR QUÉ GATEAR CUANDO PUEDES SALTAR?

AARON TENÍA UNOS DOS AÑOS, EN ESA ETAPA ENTRE GATEAR Y CAMINAR. Escuchamos en algún lugar que mientras más tiempo gatean los niños, más capaces serán de leer, así que lo alentamos a hacerlo y le dejamos tomarse su tiempo con lo de caminar. Parece una conexión extraña entre gatear y leer, ¿no es cierto? Pero mientras más tiempo vivo, más llego a darme cuenta de que cosas que aparentemente no tienen relación están mucho más conectadas de lo que parecen al principio.

La única parte de la etapa de gateo que me volvía loco era que él seguía insistiendo en gatear por las escaleras hasta el segundo piso de nuestra casa. Eso era un problema porque se le daba muy bien subir gateando, pero era incapaz de bajar gateando. Así que día tras día, a veces hora tras hora, escuchaba a Aaron llorar desde el segundo piso, rogando que alguien acudiera y lo ayudara a bajar por las escaleras.

Fue bonito las primeras veces, pero lo bonito llega hasta cierto punto.

Al principio intenté explicar con calma que no tenía permiso para subir por las escaleras. Eso como que te hace preguntarte quién es más tonto, si el niño de dos años que parece no poder entender las reglas, o el de treinta y dos años que realmente cree que el niño de dos años escuchará. Así que se convirtió en mi ritual diario rescatar a Aaron del piso de arriba. Como parece que no podíamos lograr que él cooperara, decidimos comprar una puerta que bloqueara la escalera. Antes de darnos cuenta, Aaron había sacado los tornillos de la pared, había apartado la puerta, y encontró su camino hacia la libertad, que desde luego lo dejó atrapado en el segundo piso.

Si lo pensamos, no es muy diferente al modo en que muchos de nosotros vivimos nuestra vida. Usamos nuestra libertad para llegar adonde queremos ir y entonces nos encontramos atrapados y no podemos salir sin ayuda.

Pero bueno, la idea de la puerta fue una solución inadecuada para un gran problema. Yo aborrezco subir escaleras; es por las rodillas, ya sabes. Eso iba a requerir una intervención. Yo iba a tener que agarrarlo en el acto mismo y tomar el control de la situación. Una tarde, le observé merodeando entre los muebles, y supe exactamente adónde se dirigía. Cuando él estaba convencido de que yo no prestaba atención, hizo un intento de subir las escaleras. Yo le permití llegar hasta la mitad, y entonces me escondí tras una esquina.

En mi mejor voz que decía "yo soy tu padre", me acerqué y le ordené que se detuviera y bajara inmediatamente.

Comencé a pensar para mí: Él solo tiene dos años. Probablemente no sabe hacer otra cosa mejor. Pero pude verlo en sus ojos. Él sí sabía hacer algo mejor. Sabía exactamente lo que estaba ocurriendo. Él tenía muy claro que estaba violando la zona de no entrar. No era una falta de comprensión; era un acto de desafío. Eso me hizo enojar aún más.

Con fuego en mi mirada, dije: "Aaron, baja de ahí ahora mismo".

Casi podía oír cómo trabajaba su cerebro. Estaba considerando sus opciones. Miró hacia arriba, evaluando la probabilidad de si podía lograrlo sin ser detenido. Miró hacia abajo y solo pareció recordar por qué bajar no era nunca una opción.

Entonces hizo algo de lo más extraño.

Se puso de pie y se giró hacia mí y, con una expresión de desesperación, dijo simplemente: "Papi, cárgame". Yo casi cedí, pero de algún modo sabía que ese era un momento decisivo. Era una batalla épica para saber quién gobernaría. Si yo cedía, él me controlaría siempre.

Así que dije: "No. Tú subiste; ahora bajas".

Él pausó, pareció reflexionar, y repitió: "Papi, cárgame".

Yo sabía que necesitaba mantenerme firme, así que repetí. "No. Tú bajas". Él me lo pidió otra vez, y yo de nuevo me negué.

Entonces sucedió. Yo nunca lo habría esperado. Me tomó totalmente por sorpresa.

Él saltó.

Saltó directamente hacia mí. Incluso cuando me negué a cargarlo, él concluyó de algún modo que lo agarraría.

Bueno, no podíamos permitir eso. Así que a pesar de cuán doloroso fue, me aparté del camino y dejé que se chocara contra la pared del pasillo.

No, estoy bromeando.

Desde luego que no hice eso. Ni siquiera se me ocurrió. Lo único que hice fue actuar por instinto.

Cuando él saltó, yo estiré mis brazos y lo agarré. Lo acerqué a mi pecho y le abracé fuerte. Fue uno de los mejores momentos de mi vida. No sé cuándo me he sentido jamás tan cerca de mi hijo. Él tenía solo dos años. Si le pidiera que me dijera quién era Dios, él no lo habría sabido. Imagina si le hubiera pedido que explicara cómo llegó a existir el mundo. La verdad es que él sabía muy poco del mundo que lo rodeaba. De hecho, sabía muy poco de mí.

Él no conocía mi historia, nunca había buscado un reporte policial, nunca había hecho una revisión de antecedentes. Por lo que a él respectaba, yo podría haber sido un asesino en serie o un convicto huido, o un jugador de hockey. Claramente, sin embargo, él sabía más de lo que yo creía.

Él sabía que, si saltaba, yo lo agarraría.

Él tenía miedo incluso a intentar bajar, pero tuvo más que confianza para saltar.

Tenía más confianza en mí de la que tenía en sí mismo.

A veces intentamos hacer que la verdad parezca como si se tratara de información, pero en realidad Aaron no sabía mucho de mí al tratarse de información; ni siquiera sabía cuál era mi nombre realmente. Yo era simplemente Papi. La verdad no se trata de datos. La verdad es algo más que la recopilación de información.

LA VERDAD SE TRATA DE CONFIANZA.

Si no se puede confiar en nada, entonces no hay ninguna verdad. Entonces la vida es realmente arbitraria y sin sentido. Pero la verdad es que Aaron tenía razón. Él podía confiarme su vida; sabía algo más profundo que información.

Él había llegado a conocer algo mucho más profundo que el conocimiento. Me conocía a mí.

Aaron sabía que podía confiar en mí. Había mucho que él no sabía, mucho que era dudoso para él. La mayoría del mundo era un misterio. Se podría pensar que toda esa duda lo paralizaría, pero él realmente no tenía que conocerlo todo. Al final, si lo único que sabes es en quién puedes confiar, eso puede llevarte a recorrer un largo camino. Si llegaras a confiar en Dios, podrías encontrarte saltando directamente a sus brazos.

ENTRADA 19   UNA FE SALUDABLE EN LAS DUDAS

FUISTE CREADO CON UNA SED INSACIABLE POR LA VERDAD. SIEMPRE LA anhelarás, incluso cuando huyes de ella. Siempre es el deseo de Dios hacer que te muevas hacia la verdad. Él te creó con un impulso a perseguirla.

Desde tu primer aliento has estado en un viaje, y una parte importante de él ha sido una búsqueda de sentido. Contrario a lo que quizá te hayan dicho toda tu vida, Dios no se ofende por las preguntas, incluso preguntas sobre su existencia.

Dios te creó para que cuestionaras.

Él te hizo inquisitivo y curioso, y ha puesto en tu interior una sed insaciable de conocimiento; no de información, sino de sentido. Necesitamos saber.

Como nos recordaban semanalmente Mulder y Scully, la verdad está ahí fuera.

Cuando Aaron tenía unos quince años, él y yo íbamos conduciendo en el auto a un evento, y en una de las muchas conversaciones entre papá e hijo que teníamos él comenzó a abrir su corazón sobre su viaje espiritual.

"Papá, creo que si no hubiera nacido en un hogar cristiano, no sería cristiano".

Tengo que admitir que realmente yo no estaba preparado para eso. Me agarró totalmente fuera de guardia. Podrías imaginar que,

266   ANHELOS

como pastor, esa no era la noticia más emocionante que escuchar. Pareció como si en un momento mi corazón se partiera en dos: la mitad cayó hasta el fondo de mis entrañas, causándome una sensación de náusea, y la otra mitad se convirtió en un nudo en mi garganta.

Aaron siempre ha podido hablar conmigo de cualquier cosa, y yo no quería cambiar eso, así que respondí con calma.

"De verdad, amigo, ¿y a qué se debe eso?".

"Tengo muchas dudas y preguntas".

Tengo que admitir que esa respuesta fue un gran alivio para mí. Puedo vivir con eso.

Pero lo que me habría entristecido es si él hubiera dicho: "Simplemente no lo veo en tu vida" o "He estado al lado de todo esto mucho tiempo y simplemente no creo que sea real".

Soy más consciente que nadie de que soy un ser humano con defectos. Me habría roto el corazón pensar que Aaron podría no creer en Dios debido a la incoherencia en mi vida. ¿No es la abrumadora acusación contra el cristianismo que la iglesia está llena de hipócritas? Siempre he esperado que la sinceridad supere a la imperfección.

Dudas y preguntas; qué alivio.

"Ah, dudas y preguntas", dije. "Yo también las tengo".

Él pareció encontrar cierta seguridad en mi experiencia común. Estuvimos sentados en silencio por un momento mientras conducíamos por la carretera.

Finalmente, yo rompí el silencio.

"Entonces, ¿qué crees que vas a hacer?", le pregunté.

Nunca olvidaré su respuesta.

"Bueno, he conocido a Dios, así que, ¿qué puedo hacer?".

Simplemente asentí con la cabeza en acuerdo y dije:

"Sí, sé lo que quieres decir. Cuando has conocido a Dios, ¿qué puedes hacer?".

Realmente no fue tan diferente a una decena de años atrás cuando, a los dos años de edad, Aaron decidió saltar a mis brazos. Estoy seguro de que su mente de dos años estaba llena de dudas y preguntas. Había una sola cosa que él conocía, a mí, a mí en relación con él.

Pero ahora no era entre él y yo; era entre él y Dios. Estoy contento de haber tenido el privilegio de ser el padre en quien él podía confiar, pero mucho más que eso, más allá de cuán importante es para mí que mi hijo sepa que estoy ahí para él, estoy agradecido por saber que él ha llegado a conocer y confiar en el Dios que nos dice que lo llamemos Padre. Quizá esa es exactamente la razón por la que Jesús escogió esta metáfora concreta para describirnos a Dios.

Hay muchas palabras otorgadas a Dios: *Señor, Maestro, Rey, Todopoderoso, Soberano*. Esta parece no encajar en la lista: *Padre*.

¿Es posible que miles de años antes de que nos encontráramos donde estamos hoy, Dios ya supiera que nuestra búsqueda de la verdad nos conduciría de regreso a una pregunta más humana: *hay alguien en quien pueda confiar?*

Hace unos meses atrás tuve la oportunidad de hacer consultoría con New Line Cinema sobre una de sus próximas películas titulada *Natividad*. Entre las muchas preguntas que se hicieron, surgió esta: "¿Por qué la Biblia llama Padre a Dios?". Mi respuesta fue simplemente: "Supongo que era popular en aquel entonces".

ENTRADA 20   NO DEBERÍA ENFERMARTE

ES MUY FRUSTRANTE QUE TANTAS COSAS QUE TIENEN EL NOMBRE DE JESÚS en la etiqueta, no tienen nada que ver con Jesús al final. Este es un problema real cuando intentamos darle sentido a la vida. La mayoría de las personas que conozco, siempre que aprenden de Jesús, se ven atraídas profundamente a Él y, sin embargo, muchas de ellas se mantienen a distancia de Jesús. No es necesario mucho tiempo para darse cuenta de que el freno que tienen para confiar en Jesús no es la naturaleza atractiva del hinduismo, el humanismo, el budismo, o incluso el ateísmo. El verdadero obstáculo con el que batallan la mayoría de las personas cuando se trata de Jesús es esta cosa llamada cristianismo. Yo nunca he sido un gran seguidor de la religión, de todos modos. Una vez, durante una serie de conferencias en Borders, en el oeste de LA (cerca de UCLA), una mujer muy amable y compasiva me dijo que no debería ser tan duro con la religión, que era un estupendo paso pequeño en el viaje de una persona hacia Dios. Yo le dije que mi experiencia era exactamente la contraria.

Generalmente, la religión es un paso pequeño más lejos de Dios.

En otra ocasión, un ateo autoproclamado me envió un correo electrónico de lo más sorprendente. Me envió un argumento apasionado en favor del valor de la religión. Me acusó de ser demasiado duro con las religiones en general y defendía su valor como catarsis psicológica. Yo le respondí con otro correo que me encontraba en un lugar sorprendente en mi relación con él. Él era un ateo religioso, y yo era un pastor irreligioso. Intenté explicarle, como seguidor de Jesucristo, que yo sentía que era importante sacar a la luz y oponerme a la corrupción dondequiera que la encontrara, ya fuera en el islam o en el gobierno estadounidense, ya fuera en el catolicismo o en el cristianismo evangélico.

Siempre que la religión se utiliza para manipular o controlar a las personas, la considero el enemigo de la humanidad y el enemigo de Dios.

Sencillamente no tengo mucha paciencia con las personas que usan el nombre de Dios para intentar controlar a las personas mediante culpabilidad y vergüenza. Si el amor de Dios no se da libremente, no vale la pena recibirlo, porque entonces no sería real. Es curioso que Jesús sea como un refresco frío en un día caluroso de verano, pero el cristianismo puede ser como leche echada a perder.

Llevé a un equipo internacional a Damasco (Siria) en el verano del año 2000. Fue un lugar asombroso para viajar y experimentar el estar en medio de una de las culturas más antiguas del mundo, sin mencionar que es la capital del terrorismo global. Nos advirtieron de antemano, antes de entrar, que decidir ir allí era inherentemente peligroso, e incluso podría amenazar la vida. Para mi desafortunada sorpresa, tenían razón. El viaje casi me mata. De hecho, si lo recuerdo correctamente, tres de nosotros estuvimos luchando por nuestras vidas.

Habíamos sido envenenados.

Lo achacamos a lo que pensamos que fue lo más inocente que hicimos. Los tres bebimos Diet Coke. La lata decía "Diet Coke" con letras grandes, en negrita, a estilo estadounidense. Pero la letra pequeña era lo más importante: "embotellada en Siria". Pensábamos que sabíamos lo que bebíamos, pero nos equivocamos trágicamente. Algunos errores no te cuestan mucho; ese nos costó todo lo que teníamos, o al menos todo lo que podíamos tener.

Parecía lo verdadero, pero tres de nosotros vivimos como testigos de que era una falsificación.

Hay similitudes desafortunadas entre la Diet Coke siria y el cristianismo occidental. No puedes permitir que la etiqueta te engañe. No estás obteniendo lo que crees que estás obteniendo. Solo porque Jesús y su logo estén impresos en el exterior del recipiente no significa que lo que estás bebiendo sea lo verdadero. Si te encuentras doblado y con un dolor atroz, preguntándote por qué tu estómago está tan enfermo, quizá sea que lo que obtuviste fue una versión falsificada de Jesús.

En el Apocalipsis, Jesús habla a una iglesia en Laodicea, describiéndola como que no era fría ni caliente, y les dice claramente: "Por tanto, como no eres ni frío ni caliente, sino tibio, estoy por vomitarte de mi boca".[10] Puede parecerte una sorpresa, pero hay algunas expresiones del cristianismo que Jesús no puede soportar. Es como una Diet Coke mala: o la escupes, o va a hacerte enfermar.

Parece casi contra la intuición que haya personas que se están alejando rápidamente de la iglesia y, al mismo tiempo, están buscando a Dios con desesperación y sinceridad.

Si entraste en un ambiente religioso tóxico, tenías razón en huir, incluso si tenía el nombre de Jesús vinculado a él. Y a propósito, cuando hiciste eso no estabas huyendo más lejos de Jesús, sino que te estabas acercando a Él. Tan solo debes tener cuidado de no llegar a la trágica conclusión de que solo porque hayas experimentado algo que era falso y quizá incluso tóxico, no hay nada que sea bueno. Incluso cuando te encuentras frustrado, incluso cuando sientes que has sido embaucado o engañado, incluso cuando piensas que algo es verdadero y después descubres que es falso, deberías hallar consuelo en esto: algo en tu interior conoce la diferencia.

Algo en tu interior no solo te impulsa a buscar la verdad, sino que tiene ante ello una reacción del alma.

---

10. Apocalipsis 3:16.

ENTRADA 21   CONDUCIR A CIEGAS A TODA VELOCIDAD

EN MI PRIMER VIAJE A INDIA CON UN GRUPO DE AMIGOS, TUVIMOS LA oportunidad de ir de Nueva Delhi hasta Agra. Por años, la carretera a Agra fue considerada la carretera más peligrosa del mundo. Todo el equipo que iba conmigo quería ver el Taj Mahal, así que sentimos que valía la pena el riesgo.

Para que nuestro viaje fuera más seguro y más fácil para nosotros, pagamos extra por una camioneta que tenía aire acondicionado y la garantía de ser de la más alta calidad. Cuando llegó la camioneta, no tenía aire acondicionado y tenía solamente un farol que funcionaba.

No era ningún problema de camino hasta Agra: era de día.

Aunque la carretera estaba llena no solo de vehículos, sino también de varios otros modos de transporte (parece que Agra es el sistema de transporte no solo para autos y motocicletas, sino también para elefantes y todos los modos posibles de transporte que te puedas imaginar), lo peligroso fue el camino de regreso ya tarde en la noche.

Estaba muy oscuro, no había luces en las calles, y la anchura de la carretera servía mejor como de una sola dirección, pero tenía tráfico moviéndose en ambas direcciones.

Pensamos que íbamos con déficit con un solo faro, y pronto descubrimos que teníamos uno más que casi todos los demás en la carretera.

Trágicamente, cuando regresé a Los Ángeles descubrí que una joven de nuestro barrio en LA resultó muerta en un accidente de tráfico en esa misma carretera durante ese mismo periodo.

Algunas veces, nuestra búsqueda de sentido puede parecerse mucho a estar en la carretera de Agra...

totalmente oscura,

sin faros,

conduciendo a ciegas, y

desesperados por encontrar nuestro camino de regreso.

Algunas veces la única razón por la que seguimos adelante es que no queremos quedarnos donde estamos, o regresar adonde hemos estado. Pero cuando la vida comienza a desmoronarse, ¿qué haces? ¿Cómo le das sentido a la vida, entonces? Sin duda, ese sería un lugar razonable para preguntar si Dios tiene alguna idea de lo que hace o para demandar saber qué es lo que está sucediendo.

Cuando nos estamos ahogando en lo falsificado, nuestra alma se enferma. Cuando estamos inmersos en lo que es verdadero, comenzamos a experimentar sanidad y salud. Incluso cuando tienes la sensación de estar conduciendo a ciegas, a toda velocidad en mitad de la noche, tienes que seguir adelante; tienes que continuar buscando la verdad; tienes que seguir buscando significado; tienes que seguir intentando darle sentido a la vida. Cuando la vida no tiene sentido, todo se trata de confianza. A veces vas conduciendo a toda velocidad por una carretera muy oscura, y lo único que puedes hacer es confiar en el conductor y permitirle que te lleve a casa.

NO PODRÍA HABER SIDO MUY DIFERENTE PARA AQUELLOS PRIMEROS discípulos invertirlo todo en Jesús, entregar sus vidas a Él y dejarlo todo para seguirlo a Él. Ellos creían en su mensaje; creían en Él.

Entonces Él se fue.

¿Qué haces cuando Jesús muere justamente delante de tus propios ojos?

Sus seguidores, evidentemente, regresaron a la vida tal como la conocían antes de haberlo conocido a Él.

Bueno, no del todo.

No, fue peor.

Regresaron a la pesca para sobrevivir, pero también se estaban escondiendo.

Tenían miedo.

Pensaban: *Si esto pudo sucederle a Dios, entonces ¿qué puede sucedernos a nosotros?*

Y entonces sucedió: Jesús apareció.

Ellos quedaron asombrados, confundidos y aterrados.

No sabían qué creer.

Aquello no tenía ningún sentido.

La primera vez que Jesús apareció, faltaba Tomás. ¿Puedes imaginar pasar toda la semana oyendo a todos tus amigos declarar con valentía que habían visto vivo a Jesús después del sepulcro? No sé si yo también me habría convencido.

La respuesta de Tomás fue la de cualquier persona que piensa. Cuando ellos seguían insistiendo en que habían visto al Señor, Tomás dibujó la línea en la arena: "No creeré hasta que vea las marcas de los clavos en sus manos y ponga mi dedo donde estuvieron los clavos, y meta mi mano en su costado".[11]

Una semana después, un puñado de seguidores estaban reunidos de nuevo, pero esta vez Tomás estaba con ellos. Las puertas estaban cerradas con llave, pero allí estaba Jesús. Entró de alguna manera y se puso en medio de ellos. Una vez más, Jesús los saludó con palabras tranquilizadoras: "La paz sea con ustedes".[12] Fue casi como si Jesús sintiera por ellos: sé que están confundidos. Sé que ahora nada tiene sentido, pero confíen en mí. Entonces miró a Tomás y le dijo: "Pon tu dedo aquí, y mira mis manos. Pon tu mano aquí en mi costado. Dejar de ser un incrédulo sino hombre de fe".[13]

Realmente a Tomás no le quedó mucho más que hacer. Debió haber sido realmente difícil respirar en aquel momento, pero de algún modo logró encontrar las palabras que son tan difíciles de decir y a la vez tan importantes de confesar: "¡Señor mío y Dios mío!".[14]

Nunca dejes que nadie te diga que Dios se ofende por tus preguntas. Tus preguntas te conducirán a Dios. Tu alma anhela sentido incluso mientras desea a Dios. Buscar una cosa es encontrar la otra. Adelante, cuestiónalo todo. Todos intentamos darle sentido a esta vida en la que estamos. Muchas veces el mundo no ayuda en

11. Ver Juan 20:24.
12. Juan 20:26.
13. Juan 20:27.
14. Juan 20:28.

absoluto al proceso. Experimentamos dolor, desengaño, tragedia, traición, y eso nos llena de dudas y amargura y nos deja confundidos. Me encanta que Dios entienda eso, que sepa que la vida es una lucha.

Y a propósito, no te olvides de escuchar; no te olvides de mirar; las señales te rodean por todas partes.

Era el fin de semana del décimo cuarto cumpleaños de mi hija Mariah: 3 de febrero de 2006. Ella es realmente muy talentosa, musicalmente hablando, y yo quería fomentar esta área de su vida. El momento era perfecto. Escogí su regalo, después agarramos un vuelo a Nashville donde yo iba a hablar en una conferencia. Le dije que el regalo estaría esperándole en LA cuando regresáramos a casa.

Ella no quería que le dijera lo que era, pero no dejaba de pedir pistas.

Yo le di más de mil señales que señalaban hacia su regalo. De hecho, desde el momento que aterrizamos hasta el momento que nos fuimos, ella estuvo rodeada de señales por todas partes, pero no fue capaz de unir todas las piezas, hasta que estuvimos en el avión de regreso a casa.

Fue como si se encendiera una luz. Ella me miró intencionadamente y dijo: "Es una guitarra".

No era solamente una guitarra; era una Gibson. Nashville es el hogar de las Gibson. Nos quedamos cerca de la exposición de Gibson donde fabrican y reparan sus instrumentos. Realmente visitamos la tienda, y ella sostuvo en sus manos el modelo exacto que le estaba esperando en casa. Incluso mientras recorríamos las calles del centro de la ciudad, veíamos guitarras Gibson por todas partes.

Creo que algunas veces buscar a Dios es como buscar una guitarra Gibson en Nashville.

Las señales están por todas partes. Tan solo tienes que saber dónde buscar.

Todos estamos buscando la verdad.

Todos estamos buscando a Dios.

Anhelamos sentido.

Anhelamos confianza.

Necesitamos creer en algo.

Necesitamos creer en alguien.

Necesitamos creer en Dios.

¿Es posible que Dios sea como un padre que está esperando que nosotros leamos las señales?

BUSCA

A VECES TENGO LA SENSACIÓN DE QUE MI ALMA NO ES OTRA COSA QUE UN grifo que gotea. Ya sabes, el tipo de grifo que gotea durante toda la noche. No es realmente un sonido fuerte, pero después de horas y horas de caer una gota tras otra, el sonido no solo es un eco, sino que también comienza a intensificarse. Mientras más silencio hay en la habitación, más alto se vuelve el sonido. Antes de darte cuenta, llena toda la habitación, y darías cualquier cosa para poder hacer que cesara.

Después de un rato, si el agua sigue goteando el tiempo suficiente, pasa de ser ensordecedor al silencio. Sencillamente ya no puedes oírlo. Se vuelve ruido blanco, ruido de fondo. Sigue habiendo ruido; aún suena, pero ya no puedes oírlo. Pasa del trueno al silencio y, entonces cuando menos lo esperas, vuelve a ser un trueno.

Los anhelos del alma son iguales. Gritan en tu cabeza hasta que te duelen los oídos, pero después de un tiempo es un grito silencioso. Ya no puedes oírlo, y casi podrías negarlo completamente excepto por el eco en lo profundo del vacío de tu alma. No sabes qué es lo que quiere tu alma. No puedes descubrir lo que tu alma necesita, de modo que pierdes tu alma. Simplemente tienes que ignorarlo y seguir adelante.

Los Foo Fighters pusieron música a mi frustración.

Toda mi vida he estado buscando algo,
   algo que nunca llega,
      nunca conduce a nada.
         Nada satisface, pero me estoy acercando,
            más cerca del premio al final de la cuerda.

¿Recuerdas cuando eras pequeño y lo único que querías era un postre? ¿Has visto alguna vez a alguien comerse un dulce o un helado que quería hasta que ya no quería ver otro pedazo de dulce u otro helado? Eso se parece a alimentar mi alma. Sigue confundiendo lo que quiere con lo que necesita, o quizá mi alma simplemente no está convencida hasta que me enfermo del estómago porque lo primero no es lo último.

Buda tenía razón sobre los deseos: realmente pueden hacerte enfermar. Algunas veces, lo peor para ti es conseguir lo que quieres. Los deseos y las pasiones pueden conducirte por una senda oscura. Buda debió haber experimentado la misma frustración que yo y decidió que el único modo de salir de eso era librarse de todos sus deseos.

Ahora, millones de sus seguidores buscan la eliminación de todos los deseos. Supongo que para él era bastante sencillo: si tus deseos siguen haciendo enfermar tu alma, líbrate de ellos, de todos ellos. Personalmente, he descubierto que eso es imposible, pero entiendo el sentimiento. Yo ni siquiera soy Buda, y he descubierto que lo que mi cabeza, mi corazón y mi cuerpo desean, no es necesariamente lo que necesita mi alma.

Podemos llegar a perdernos en los deseos y no encontrar nunca lo que nuestra alma anhela.

En lugar de enfrentar la dura realidad de que lo que estamos persiguiendo no es lo que nuestra alma anhela, simplemente intentamos resolver el problema consiguiendo más: más juguetes, más dinero, más poder, más prestigio, más sexo, más cosas. Pasamos nuestras vidas intentando satisfacer nuestra alma. Algunas cosas son solamente una fachada. Algunas cosas satisfacen por un momento. Algunas cosas sofocan nuestra alma.

En cierto modo, es extraño cuando lo pensamos: ganar el mundo entero y perder nuestra alma.

A veces parece menos como que hemos perdido nuestra alma y más como si estuviéramos perdidos en su interior. Nuestra alma es un universo interminable, pero puede convertirse en un abismo.

Los científicos nos dicen que el cosmos siempre se expande, que es una cantidad de espacio infinito a la espera de ser explorado y descubierto. Creo que eso describe bastante bien al espíritu humano. No hay fin en lo lejos que puedes viajar en el interior de ti mismo. Con cada respiración, con cada día que vives, con cada nueva experiencia que tienes, tu alma se expande.

Estás en un viaje del espíritu humano.

Hay mucho misterio en el interior igual que en el exterior, quizá más. Hemos gastado miles de millones de dólares en busca de lo que hay ahí fuera, y parece que muchos de nosotros no daremos ni siquiera el tiempo del día a pensar lo que está sucediendo en nuestro interior. Si miras atentamente en el interior de las personas, encontrarás luminarias y también agujeros negros. Y si decides caminar al lado de alguien toda una vida, descubrirás que sin importar lo bien que conozcas a esa persona, sigue habiendo mucho que aún no conoces.

Yo llevo casado con Kim más de treinta y tres años, y puedo decirte que ella es un universo siempre en expansión. Mientras más llego a conocerla, más profundamente entiendo que ella ha llegado a ser. Nunca le conoceré completamente y, de hecho, ella nunca se conocerá a sí misma completamente porque no es un ser estancado. No puedes conocer completamente a alguien que siempre está creciendo, siempre cambiando, siempre expandiéndose. Eso es lo que más amo de Kim. Ella no es la mujer con la que me casé hace más de treinta años. Es mucho más que eso.

Me gustaría poder decir que eso es cierto para todos, pero no creo que lo sea. Algunas personas parecen vivir en un universo pequeño. Su mundo tiene espacio solo para ellos mismos. Aunque su alma tiene todo el potencial de estar siempre en expansión, en cambio ellos parecen ser el centro de un universo que colapsa, sin lugar para sueños, para la esperanza, para la risa, para el amor, para los demás, con espacio solo para ellos mismos.

Se encuentran muy solos, y son muy solitarios. Extrañamente, no saben por qué. Sus almas también anhelan, y por el modo en que han ganado el mundo entero y han perdido su alma es que han hecho de sí mismos todo su mundo. Se han vendido.

La mayoría de nosotros no vendemos nuestra alma al diablo; sencillamente la entregamos.

Puedes jugar a lo seguro y esconderte detrás de la indiferencia, y escoger el camino de la mediocridad. Recuerda que puedes tragarte casi cualquier cosa. La pregunta es: ¿puedes mantenerlo ahí? Vivimos en un mundo lleno de indiferencia, apatía, desapego, conformidad, docilidad, y consentimiento del *statu quo*. Tragamos, pero no nos sienta bien. El espíritu humano no tiene apetito por lo insípido, lo tedioso, o incluso lo que no tiene pasión. Cuando dejas de creer que eres único, algo comienza a morir en tu interior.

¿Qué hay en el espíritu humano que insiste en su singularidad?

No es suficiente para nosotros simplemente con existir. Que cada uno de nosotros tenga una huella dactilar única significa más para nosotros que simplemente mejoras en el estudio forense. No somos nada menos que impulsados a encontrar nuestros propios caminos, hacer nuestro propio camino, ser nuestra propia persona. Aunque nos encanta tener cosas en común con los demás, necesitamos desesperadamente creer que de alguna manera somos únicos. Queremos ser iguales y también diferentes a quienes nos rodean.

Queremos tener cosas en común, pero no queremos ser comunes.

Estamos formados nada más que de material común y corriente. Sin embargo, algo en nuestro interior clama que hay más en nosotros de lo que se ve a primera vista. Somos como una tela hecha de estopilla y cachemira. Sin duda estamos de camino hacia convertirnos en polvo. ¿Es esto todo lo que significa ser humano, o hay más?

Incluso mientras lees estas palabras, hay una voz que viene no de tu cabeza, sino de tu interior, gritando que tú eres algo más que agua y material desechable. Gran parte del viaje de tu vida puede explicarse por los anhelos de tu alma. Tu alma conoce su singularidad; y una voz en lo profundo de tu ser anhela descubrirla. Te llama y te atrae a perseguirla.

Hay algo ahí fuera que hay que descubrir, y nuestra alma está inquieta por descubrirlo.

Todos nosotros comenzamos nuestra vida alimentados por la curiosidad, y sin embargo demasiados de nosotros la sustituimos por conformidad. Nacemos únicos, pero podemos morir estandarizados. Henry Ford ofreció su Modelo T en cualquier color que quisieran los clientes mientras fuera negro. Él fue el maestro de la estandarización. Esa no era ni siquiera una idea sostenible para los vehículos, y mucho menos para las personas. No hemos de parecernos, actuar, y ciertamente vivir como si fuéramos los productos de una línea de ensamblaje.

Es demasiado fácil vivir nuestras vidas por defecto. Si no tenemos cuidado, podemos convertirnos en la suma total de todas las expectativas que otras personas imponen sobre nuestra vida. Nos permitimos nosotros mismos volvernos genéricos, estandarizados, homogeneizados. Mantenemos el *statu quo*. Nos conformamos a las expectativas de otros. Suprimimos nuestra curiosidad. Dejamos de cuestionar. Evitamos remover las cosas. Nos ponemos en la línea y marchamos en fila india. Simplemente estamos en la fila, sin preguntar nunca por qué, incluso, estamos ahí de pie.

Mi hijo Aaron y yo estuvimos en Londres el pasado diciembre. Una noche decidimos ver una película en la zona de Piccadilly Circus. Llovía y hacía frío, y había una larga fila de personas esperando para comprar las entradas. Yo no quería estar en la fila y mojarme, de modo que busqué una ruta alternativa. Precisamente a la izquierda de la fila observé otra ventana que parecía disponible, y no había nadie esperando en la fila. Le pregunté a la persona que manejaba la ventana si estaba abierta, y dijo que sí con una expresión de sorpresa en su cara. Preguntamos por qué no había nadie en esa fila, que estaba vacía, y todo el mundo en cambio decidía estar de pie bajo la lluvia sin cuestionarlo. "No tengo ni idea" fue su respuesta. Mientras yo compraba nuestras entradas, Aaron se sintió impulsado a liberar a quienes estaban atrapados en la otra fila. Ellos estaban renuentes a creerlo.

¿Por qué somos más propensos a ponernos detrás de alguien en la fila, en lugar de comenzar nuestra propia fila?

Finalmente descubrimos que somos parte de una línea de ensamblaje humana rodeada por la estandarización, la rutina y la predictibilidad. Nos sentimos desgraciados en lo rutinario. Un día nos encontramos mirándonos al espejo y preguntándonos quiénes somos y por qué somos. ¿Es la vida arbitraria, o hay significado en ella? ¿Soy yo único o incidental? El guionista y actor Zach Braff capta la batalla para encontrar singularidad, a la vez que nos retorcemos en la insipidez de la existencia cotidiana.

La película *Garden State* sigue las vidas de un grupo de personas que parecen no ir a ninguna parte, y sin embargo la muerte de la madre de Andrew Largeman, y la intervención de una persona que se arriesga a renunciar a su propia singularidad, lo despiertan de su sueño. La historia nos recuerda que es fácil convertirnos en un eco en lugar de una voz, y no obstante descubrimos que incluso un acto sin sentido que destaca en solitario y como único, nos da la esperanza de que nuestras vidas pueden ser diferentes. Es curioso que podamos estar absolutamente inseguros con respecto a lo que estamos buscando y a la vez totalmente seguros de no haberlo encontrado. Sabemos que estamos buscando algo; simplemente no sabemos qué es o incluso por qué lo buscamos.

Lo que buscamos está arraigado en el lugar de donde provenimos y en quiénes somos.

Desde tu primera respiración has estado en un viaje. Hay cosas que anhela tu alma, y lo hayas reconocido ya o no, tu vida está moldeada por tu búsqueda de esas cosas.

Estás en una búsqueda para descubrir tu propia singularidad: quién eres, por qué estás aquí y hacia dónde te diriges.

Eric Bryant y yo estábamos de camino a Adelaida, desde Sídney, cuando finalmente vimos la escritura en la pared:

> no esperado, no sustituible, no insípido, no usual, no común, no típico, no estándar, no rutinario, no paridad, no obvio, no predecible, no similar, no comparable. ¿Qué te hace especial?

Gracias, IBM/com/au/innovation por recordarnos lo que no somos, lo cual nos recuerda quién anhelamos ser.

Únicos.

Si nos encontramos frustrados interminablemente en la búsqueda de nuestra singularidad, quizá decidimos poner fin a nuestra búsqueda y conformarnos con una vida estéril de existencia vacía. Debemos tener cuidado con no confundir rendición y descanso.

Parecemos destinados a estar atormentados por anhelos que no podemos satisfacer o vivir vidas insatisfechas muertas a nuestros anhelos más profundos.

Tendemos a pensar en la niñez como el periodo de tiempo en el que nos preparamos para la vida. A mí me parece que la vida llega a nosotros desde el inicio mismo. No hay calentamiento, no hay juego anterior. Es lo genuino desde el primer aliento.

No recuerdo realmente cuándo nací, de modo que tengo que tomarlo unos años después. Es humillante darme cuenta de que mis primeros recuerdos no son pensamientos independientes. Todos nosotros estamos moldeados por personas y acontecimientos que quizá ni siquiera recordamos. Yo no recuerdo a mi padre biológico, pero ya sea que me guste admitirlo o no, él me sigue afectando décadas después. De modo que sé que mis primeros pensamientos no estuvieron moldeados en un vacío, pero también sé que no llegaron simplemente desde el exterior.

Mis primeros recuerdos eran anhelos que venían de algún lugar en lo profundo de mi ser. Entonces yo no tenía un lenguaje para ellos, pero eso no significa que no me hablaran con fuerza a los ocho años de edad, como lo han hecho a las edades de veintiocho y cuarenta y ocho.

Cuando yo era tan solo un niño pequeño creía en Dios, en el amor y en las risas. Creer en estas cosas es natural para el espíritu humano. Para un niño, es más lo desconocido que lo conocido. Creer en Dios, en el misterio, en lo que no se ve, no es difícil para un niño. Los niños nacen para creer. Son los candidatos perfectos para los mitos, las fábulas y los cuentos de hadas. Como adultos, lo consideramos una debilidad, prueba de la ingenuidad de la niñez.

A medida que crecemos, sabemos más cosas. Es curioso que, como adultos, batallamos con la fe. Necesitamos evidencia para justificar nuestra creencia en lo invisible. Intentamos construir sistemas de fe edificados con nuestra lógica y nuestra razón. De niños simplemente creíamos; la fe era muy natural. Sí, nuestra inocencia nos dejaba vulnerables a creer cosas que no son ciertas, pero ¿es posible que esa misma inocencia exista para que así podamos encontrar lo que es más verdadero? Fuimos creados con una inclinación natural a creer.

No llegamos *a* la fe; salimos *de* ella.

Tenemos en nuestro interior la habilidad y la disposición de ver más allá de lo material y buscar lo eterno. Si Dios existe y fuimos creados para conocerlo, y la fe es el medio mediante el cual sucede eso, ¿no tendría sentido que naciéramos con esta inclinación? Para algunos, creer en Dios es estirar las cosas demasiado. Lo consideran un insulto para su inteligencia. Para ellos, creer en algo que no pueden ver es absurdo. Y si hablas sobre el efecto de Dios en las vidas de las personas, ellos insistirán en que la evidencia secundaria no es suficiente; tiene que ser primaria, o no es real.

Y entonces está el amor.

Algunas personas que no creen en Dios son coherentes y tampoco creen en el amor. No hay evidencia primaria. De hecho, ninguna investigación científica ha encontrado una correlación directa entre perder la fe en el amor y perder la fe en Dios. Pero para muchas personas es en este punto donde simplemente viven con la incoherencia. No podemos ver a Dios; no podemos demostrar a Dios en el laboratorio. Creer en Dios es estirarse demasiado, pero creen en el amor. Pero no podemos ver el amor, ni podemos demostrar el amor. La única evidencia disponible es secundaria. No hay evidencia primaria. Sin embargo, cuando amamos a alguien, estamos más seguros de eso que de casi cualquier otra cosa.

El amor nos recuerda que hay un conocimiento más allá de la razón.

Nacemos para amar. Los niños aman incondicionalmente. Puedes sacar el amor del interior de una persona, a la fuerza, pero sin duda es imposible introducir el amor en alguien, ni siquiera a empujones. Igual que la fe, el amor es intrínseco. No se enseña y se transfiere; simplemente es. No puedes hacer que una persona te ame. El cielo sabe que muchos de nosotros lo hemos intentado. Quizá no haya nada más doloroso que amar a alguien que no corresponde a tu amor.

Para que exista el amor ni siquiera se requiere reciprocidad.

De hecho, puedes estar en un entorno sin amor y aun así amar. Los niños aman a sus padres cuando trágicamente sus padres no los aman a ellos. Si el amor es algo que se desarrolla con el tiempo, eso no sucedería. No es el resultado de llegar a ser un adulto maduro. A veces parece que la edad adulta se convierte en el enemigo del amor. No estoy diciendo que el amor no profundice con la madurez. Lo que digo es que el ímpetu para el amor está en nosotros desde el inicio; todos nacemos con fe y con amor, sin mencionar la esperanza.

¿Has experimentado alguna vez un momento completamente dichoso? ¿Un momento en el que todo estaba bien en el mundo?

¿Puedes recordar que no tenías ninguna preocupación en el mundo? O al menos eso parecía. Yo he tenido muchos momentos como esos e, irónicamente, no fue porque todo en la vida fuera exactamente como yo quería. Nunca he tenido ese momento, quizá porque mis expectativas son demasiado altas. Pero lo que sí tenía era una sensación maravillosa de optimismo. Cuando careces de esperanza, te sientes indefenso para cambiar algo y seguro de que nada cambiará. Cuando tienes esperanza, eres capaz de ver la belleza y el potencial de cada circunstancia. La vida está llena de maravillas. La esperanza nos empodera para perseguir nuestros sueños.

Los sueños son la forma de arte de la esperanza. Dibujan un cuadro de la vida que deseamos.

Es imposible disfrutar de la vida plenamente sin tener sueños. Y fuimos creados para disfrutar de la vida. No hay que enseñar a un niño a reír. Alegría, celebración e incluso felicidad son los entornos naturales para el espíritu humano. ¿Has notado alguna vez que es prácticamente imposible fingir una risa genuina? Podrías tener fe en lo equivocado y podrías descubrir más adelante que era solamente amor adolescente, pero nunca estás confuso en cuanto a si algo es verdaderamente divertido para ti. Si lo piensas el tiempo suficiente, este puede ser un pensamiento muy deprimente. Me refiero a que prefiero tener razón con respecto a lo que creo o a quien amo, que tener un buen sentido del humor. ¿Cuál es realmente el valor evolutivo de la risa? Sin embargo, en cierto modo, es extrañamente verdad que la risa es con frecuencia la mejor medicina.

Cuando estudiamos cualquier forma de vida, podemos determinar su entorno apropiado según lo que le produce salud.

Algunos árboles requieren sombra, y otros la luz del sol directa. Algunas especies están diseñadas para desarrollarse en desiertos, y otras solamente pueden existir en bosques tropicales. Si los sacas de su hábitat natural descubrirás que se deteriorarán rápidamente tanto en salud como en vitalidad.

Los seres humanos no somos diferentes. Si nos sitúan en un entorno lleno de desesperación, amargura o desapego, no es necesario mucho tiempo para ver el efecto negativo. Puede parecer superficial, pero el espíritu humano prospera donde hay risas. Realmente necesitamos tomarnos más en serio la felicidad. Vivimos en un mundo en el que quienes tienen el mayor porcentaje de riqueza humana tienen la mayor concentración de personas medicadas para la depresión. Eso muestra que no se puede comprar la felicidad. Sin embargo, eso no evita que lo intentemos.

Recuerdo reír cuando yo era joven. Recuerdo aún mejor cuando dejé de reír.

Nada parecía divertido. Yo estaba en un estado bastante triste. Atrapado en un universo del que no podía salir, estaba perdiendo la esperanza rápidamente. No entendía cuán esencial era la esperanza para levantarme en la mañana. Tenemos problemas cuando dejamos de creer en la esperanza. A pesar de cuán difícil sea tu vida, si puedes imaginar otra diferente, eso de algún modo parece impulsarte hacia adelante. Puedes soportar quién eres, sin importar lo mucho que te aborrezcas a ti mismo, si de algún modo puedes creer que algún día llegarás a ser alguien diferente.

Tu alma anhela verdad, belleza, maravilla. Tu alma anhela soñar, imaginar, e incluso simplemente entender. Tu alma anhela conectar, crear. Y cuando estás plenamente convencido de que todas estas cosas son ilusiones de las que se puede prescindir, tu alma se enferma. Cuando no puedes ver la posibilidad de esas cosas, cuando renuncias a ellas, cuando ya no eres cambiado por la búsqueda de lo que parecen ser ideales que están fuera de tu alcance, matas de hambre a tu alma y te pierdes a ti mismo.

Una mancha de tinta en particular me dio claramente una opción entre un murciélago y una mariposa. Veía ambos, y entendí plenamente las implicaciones. ¿Cuál escogería? Pero francamente, ¿qué haces cuando tu alma quiere mariposas y el mundo no deja de enviarte murciélagos? Quizá te conviertes en Batman. Tomas tu peor temor y lo conviertes en tu fortaleza. Irónicamente, aquella media decena de sesiones que excavaban en mi alma realmente marcaron una diferencia.

No obtuve todas las respuestas, pero estoy convencido de que plantear las preguntas fue algo bueno.

Comencé a entender que todos nosotros tenemos una batalla común. Mientras que puede haber un número interminable de filosofías y religiones en el mundo, y aunque puede que todos estemos en desacuerdo en las respuestas, todos tenemos las mismas preguntas, los mismos deseos, los mismos anhelos.

Cuando yo era solamente un niño pequeño creía en Dios, en el amor y en las risas. Y entonces ya no creí. Creo que el amor se fue en primer lugar, y después las risas. Entonces, ya que Dios no pudo ayudarme con las dos primeras, seguí adelante y lo descarté junto con todo lo demás de lo que necesitas librarte cuando ya no eres un niño. Pero antes de que tengas pensamientos demasiado malos sobre mí, quizá te gustaría saber que quería recuperarlo todo. Simplemente no entendía cómo estaban todos ellos conectados. Imagina mi sorpresa cuando comencé a descubrir que las cosas que llegaban de modo tan natural cuando era niño, eran precisamente las cosas que anhelaba mi alma.

Entregué mi alma a una edad muy temprana. Con eso quiero decir que renuncié a mí mismo. Cuando renuncias a ti mismo, comienzas a descartar cosas como sueños, optimismo, esperanza, intimidad, amor, confianza, verdad, sentido y fe. Mirando atrás, me doy cuenta de que estaba paralizado por el temor. Ahora sé que no tenía miedo a nada. Estaba aterrado de que yo no fuera nada y que nunca llegaría a ser nada. En lo profundo de mi ser, en este universo siempre en expansión conocido como mi alma, me estaba ahogando en un océano que aumentaba rápidamente de duda de mí mismo y desesperación.

Sé por experiencia que no es suficiente con solamente sobrevivir.

Salomón escribió una vez que Dios ha puesto eternidad en el corazón de los hombres, pero que al final parece que no podemos darle ningún sentido a eso. Él sabía, en cierto modo, que en lo profundo de nuestro ser está nuestra mayor evidencia de Dios y nuestra mayor conexión con Dios. Jesús dijo que el reino de Dios está en el interior, y sin embargo durante dos mil años después de Él, hemos seguido mirando hacia afuera buscando este reino, en lugar de mirar hacia adentro. Estoy totalmente convencido de esto: Dios ha puesto anhelos dentro de tu alma que te volverán loco o te impulsarán hacia Él. Tu alma anhela a Dios; quizá es que aún no lo sabes.

Yo pierdo cosas todo el tiempo. Me he pasado horas buscando lo que había perdido. Cuando era niño, solía pensar que Dios me estaba castigando escondiendo el objeto que había perdido. Estaba seguro de que había cometido algún crimen horroroso contra Dios y la humanidad, y ahora Dios me estaba castigando escondiendo mis zapatos. Mi mamá se ponía furiosa; debió haber sido frustrante tener un hijo que lo perdía todo.

Perder cosas me impulsaba a la oración. Empleaba cada minuto de mi búsqueda rogándole a Dios que me ayudara a encontrar lo que había perdido. Pensaba en todo lo que pude haber hecho mal e intentaba enmendarlo: hacer mi cama, ordenar el armario, sacar todas las cosas que había escondido debajo de la cama, sacarlas y ponerlas en el lugar correcto. Examinaba mi mente buscando cualquier cosa que pudiera haber hecho mal, e intentando hacer todo lo posible por enmendarla. Intentaba frenéticamente descubrir qué era lo que Dios tenía contra mí, para así poder lograr que Él me devolviera lo que se había perdido.

Podrías pensar que este era un proceso de pensamiento ridículo, pero francamente funcionaba muy bien. La mayoría de las veces pude conseguir que Dios dejara de perseguirme, reparar cualquier brecha en el cosmos que hubiera creado, y encontrar el par de zapatos perdido, o el reloj, o la cartera, o cualquier otra cosa que hubiera perdido en ese momento. Al mirar atrás, entiendo que una cosa que parecía estar perdida todo el tiempo era yo. No dejaba de buscarme a mí mismo. O realmente quién era yo.

Intentamos llenarnos de todo lo que podamos agarrar, y sin embargo sigue habiendo un vacío en el interior del cual no podemos escapar. Aun cuando buscamos en todos los demás lugares, incluso donde no queda lugar donde buscar, de algún modo seguimos negándonos a considerar la posibilidad de que lo que nuestra alma anhela es a Dios. No podemos obtener lo suficiente, no podemos ganar lo suficiente para llenar el hueco que hay dentro de nosotros. A pesar de lo que probemos o hagamos, no podemos evitar el vacío.

Quizá a eso se refería Jesús cuando dijo: "¿De qué sirve ganar todo el mundo pero perder tu alma?".[15] ¿Estaba describiendo a alguien como tú o yo? Pasamos toda nuestra vida como esclavos de nuestros deseos, decididos a satisfacer de algún modo los anhelos más profundos de nuestra alma. Tomamos todo lo que podamos conseguir; nos quedamos con todo lo que podamos agarrar; nos convertimos en versiones humanas de un agujero negro.

Hay algo dentro de nosotros que nos impulsa hacia Dios, algo que nuestra alma anhela y que no podemos llegar a entender plenamente.

---

15. Marcos 8:36, paráfrasis del autor.

¿Acaso no tiene sentido que si fuimos creados para la relación con el Creador del universo, Él aprovecharía todo en nuestro interior para que lo buscáramos a Él y quizá incluso lo encontráramos?

Así que regresamos a jugar a las escondidas. Podrías estar preguntándote: *Si Dios quiere que lo encuentre y mi alma anhela hacerlo, ¿por qué no hace Él que sea más fácil que esto?* ¿Alguna vez has estado buscando a Dios? Yo lo he hecho. Francamente, no tenía la sensación de que Él estuviera cooperando en algo. Y cuando añadimos mi propensión a perder las cosas, ¿cómo iba a poder encontrar a Dios?

Cuando pierdes algo, tienes que ir hacia atrás.

¿No aborreces la pregunta: "dónde lo tenías por última vez"? Si supieras eso no estaría perdido, ¿no es cierto? Pero como un investigador de Scotland Yard, comienzas a ir hacia atrás sobre tus mismos pasos. Cuando eso no funciona, pasas al Plan B: culpar a otros. "¿Quién movió mi _____ [llena el espacio en blanco]?". Ah, es verdad, estamos hablando de Dios. "¿Quién movió a mi Dios?". "Dios mío, ¿adónde se fue Dios?".

Es algo muy malo extraviar al Creador del universo. Él podría estar en cualquier parte. O quizá, en este caso, en todas partes. Algunas veces, jugar a las escondidas no es un juego.

Imogen Heap tiene una canción titulada "Las escondidas". Capta la frustración de un juego que va mal:

> *¿Dónde estamos?*
> *¿Qué diablos está sucediendo?*
> *El polvo ha comenzado a caer,*
> *Círculos de cultivo en la alfombra*
> *Apestando, sintiendo*
> *Dando vueltas otra vez*

Y me froto los ojos
Esto no puede estar sucediendo...
Las escondidas
Notas al azar siguen saliendo de tu boca
Dulce charla, recortes de periódico
No transmiten sentimiento, no te creo
Las escondidas
No te importa nada, no te importa, no te importa nada
Oh no, no te importa nada
Oh no, no te importa nada
Oh no, no te importa nada
No te importa nada
No te importa nada.

Así que pregunté por ahí y busqué a Dios en el último lugar donde alguien lo vio: en la religión. Después de todo, millones de personas en todo el mundo acuden a ver a Dios cada semana, a menos, desde luego, que los entrevistes y te des cuenta de que tampoco lo vieron. Estaban ahí buscándolo, esperando poder encontrarlo. Quizá no haya nada más confuso o frustrante que haber probado a Dios y haberte alejado sin nada más que el mal gusto de la religión en tu boca.

Mi abuela era católica romana, de modo que comencé mi viaje en una misa en latín. Recuerdo ver aquel crucifijo y sentirme mal por Dios. Es difícil estar enojado con Dios cuando Él está en peor estado que tú. Sentí una gran empatía por Él, y también sentí una inmensa sensación de gratitud al escuchar que Jesús murió por los pecados del mundo. Yo sabía muy poco sobre el pecado en aquel tiempo, pero por lo que oí, era un verdadero problema. Por otro lado, yo tenía otros problemas que intentaba resolver. Sé que parece egoísta, pero realmente necesitaba a alguien que pudiera ayudarme, y Dios parecía tener sus propios problemas.

Recuerdo una ocasión, cuando tenía unos diez años, en que intenté irme de mi casa; me agarraron, me metí en problemas, me castigaron, estuve sentado en mi cuarto y gritándole a Dios con todas mis fuerzas. Recuerdo reñirle a Dios y después pausar para ver lo que sucedía. Nada sucedió, y aquello pareció ser lo peor que podía suceder.

Muchos de nosotros pasamos nuestra vida preocupados porque Dios vaya a castigarnos, o esperando que Dios vaya a ayudarnos, pero ninguna de esas cosas parecen suceder nunca. Con toda la actividad que hay en el mundo intentando captar la atención de Dios, eso parece dejarte preguntándote si todo es simplemente una horrible pérdida de tiempo. Sin embargo, no podrías realmente culpar a Dios. Yo nunca me enojé realmente con Él, ni nada parecido. Pensaba que Él sencillamente estaba demasiado ocupado con cosas más importantes o quizá con personas más importantes. Durante gran parte de mi vida me sentí invisible. Parecía bastante arrogante y presuntuoso por mi parte pensar que Dios realmente me veía. Probablemente Dios es solamente un tipo de cuadro general; quizá no entra tanto en los detalles. O tal vez, solamente tal vez, suceda algo más de lo que sabemos.

Una y otra vez Jesús enseñó el valor que "uno solo" tiene para Dios. Describió a Dios como el pastor que deja a las noventa y nueve ovejas para encontrar a la que se ha perdido; la mujer que busca la moneda que se ha perdido hasta que la encuentra; el padre que espera a que su hijo descarriado regrese a su hogar.

"Uno solo" le importa a Dios.

Steven Spielberg explora el tema del valor de "uno solo" en varias de sus películas. Desde *E.T.*, *La lista de Schindler*, hasta *Salvar al soldado Ryan*, Spielberg parece casi consumido por el viaje del individuo solitario. En *Salvar al soldado Ryan* descubrimos la historia real de cómo una tropa de hombres marchó por una zona de guerra para encontrar y asegurar el regreso sano y salvo de un solo soldado. La película plantea preguntas importantes: ¿Cuál es el valor de un solo ser humano? ¿Hasta qué extremo deberíamos llegar para salvar a una persona?

Yo solía pensar que buscaba desesperadamente a Dios. He cambiado de opinión con respecto a eso. Al mirar atrás, entiendo que Dios me buscaba a mí desesperadamente. Solía preguntarme por qué me dolía el alma y Dios no hacía nada al respecto. Ahora sé que era precisamente ese dolor el que me impulsaba hacia Dios. La vida sin Dios es la muerte del alma por inanición. Durante un tiempo yo pensé que Dios podía satisfacer las necesidades y detener los anhelos de mi alma. Ahora sé que no es ese el caso.

Mi alma no anhela algo de Dios; mi alma anhela a Dios. Y a propósito, también lo anhela tu alma.

Por eso, todo lo demás te dejará insatisfecho al final. Pero no permitas que eso te frustre; permite que te impulse. Toda la evidencia que necesitas para demostrar a Dios está esperando ser descubierta en tu interior. Hemos viajado juntos por estas páginas, pero el viaje no termina aquí. No estamos en nuestro destino, sino en una intersección. Tenemos que considerar una decisión, hay opciones entre las que escoger, hay pasos que dar. Quizá querrías tomar un momento para volver la cabeza y mirar atrás. Has viajado más lejos de lo que crees.

Si sigues estando conmigo, eres muy parecido al tipo de persona de la que habló Jesús con los términos más elevados. Él te llama un buscador, y te asegura que si buscas, encontrarás.

Él también promete que si llamas, la puerta se abrirá; y si pides, te será dado. Aquí no está hablando sobre posesiones materiales, sino de satisfacer los anhelos más profundos de tu alma. De modo que sigue buscando, llamando, pidiendo, y no te detengas hasta que encuentres, entres y llegues a conocer la respuesta que tu alma ha estado buscando todo el tiempo.

Tu alma anhela, y es a Dios a quien anhela. Por lo tanto, escucha con atención la conversación que se está produciendo en tu cabeza. No te preocupes. Probablemente no te estás volviendo loco. Sé que en este caso no estás hablándote a ti mismo. Dios está intentando captar tu atención y llevarte a una relación con Él. Si prestas atención a tu alma, te guiará hacia Dios.

Cheng Yi dijo: "Esforzarse en un pensamiento es como cavar un pozo. Al principio solamente hay agua fangosa. Más adelante, después de haber extraído un poco más, saldrá agua clara. Los pensamientos son siempre fangosos al principio. Después de mucho tiempo serán naturalmente muy claros".

Este pasado agosto estábamos viajando por Australia, y tuve el privilegio de conocer a un australiano griego llamado Yanni. Él no era un seguidor de Cristo, pero era un buscador honesto y sincero. Yo estaba hablando en una conferencia de liderazgo que tenía un enfoque espiritual, y me sorprendió agradablemente ver a Yanni en cada una de las sesiones. Él me dijo después que había llamado a su hermano con el que no había hablado por mucho tiempo para contarle sobre la conferencia.

La respuesta inmediata de su hermano fue de preocupación.

Primero le preguntó si se había metido en una secta. En un país que tiene un cinco por ciento de la población que cree abiertamente en Dios, cualquier cosa espiritual parece una secta. Entonces, su hermano le advirtió sobre que le lavaran el cerebro, lo cual pareció ofender a Yanni, ya que él era un pensador libre e independiente. Le pregunté cómo respondió él, y con toda la confianza que se esperaría de un australiano griego, dijo: "Le dije: ¿qué tiene que ver con esto el lavado de cerebro? Lo único que él está haciendo es llegando a mi interior y sacando lo que ya está ahí'".

QUÉ INTROSPECTIVA TAN INCREÍBLE.

Si Dios es real y has sido creado por Él, tu alma ya lo sabe.

Puede que estés en negación o que genuinamente seas inconsciente de ello, pero si tomas el tiempo para explorar en ningún otro lugar excepto en tu interior, no tengo duda alguna de que te encontrarás cara a cara con Dios.

En la película *Contacto*, Jodie Foster plantea la pregunta: "¿Crees que hay vida ahí fuera?". El tema de la película, por supuesto, era que si no la hay, sería una terrible pérdida de espacio.

Hay más espacio inexplorado en tu interior del que hay en este universo siempre en expansión.

Estoy seguro de que si te tomas el tiempo para hacer un viaje hacia las profundidades de tu alma, no saldrás de allí decepcionado, y para tu sorpresa y asombro, encontrarás allí a Dios. Espero que *Anhelos* te haya ayudado, al menos, a comenzar tu viaje.

Entonces ¿qué harás?

¿Te has encontrado cara a cara con Dios y has sentido que su presencia toca tu alma como si fuera una suave brisa contra tu rostro? ¿Cómo responderás a Él?

Para confiar en Dios tienes que saber que Él te ama sin condición. Esta es la belleza de la muerte de Jesús en la cruz. Es la declaración de amor de Dios por ti. Su amor te abraza dondequiera que estés en tu viaje, y Él no te deja ahí.

Él te lanza a una búsqueda para perseguir la vida para la cual fuiste creado. Tu alma sabe que hay un propósito mayor para tu vida. Un sueño del tamaño de Dios a la espera de desarrollarse y convertirse en tu futuro.

Todos estamos en una búsqueda de identidad, de sentido, de nuestro destino. Nuestra alma anhela amor, fe y esperanza. Todos estamos buscando lo que nuestra alma anhela, y solamente en Dios estaremos satisfechos.

Supongo que nunca será fácil, pero Jesús lo ha hecho posible. No debes tener miedo a entregar tu vida a alguien que entrega su vida por ti.

Tal vez tú eres diferente a mí, pero creo que, probablemente, nos parecemos mucho en esto.

Tu alma anhela creer.

Has sido quemado, quizá incluso has sido engañado, pero en lo profundo de tu ser, en algún lugar en tu interior, hay una voz que te dice que puedes confiarle a Dios tu vida, que puedes confiar. En alguien como Jesús.

Que su amor es puro y tu alma tiene sed de Él como un desierto agrietado que necesita agua.

Que hay más en la vida de lo que puedes conocer sin Dios.

Jesús caminó entre nosotros para que pudiéramos acercarnos lo bastante cerca para escucharlo, para verlo, para tocarlo, para olerlo, para conocerlo. Conocerlo a Él: esto es lo que tu alma anhela.

Tu viaje es importante para mí, para nuestra comunidad aquí en Los Ángeles, y para amigos que tenemos en todo el mundo. Si quieres continuar esta conversación, nos encantaría hacer posible eso.

También nos encantaría escuchar las historias de tu viaje de fe. Estamos todos juntos en esto, y personalmente estoy agradecido por eso. Nos necesitamos unos a otros, y además, sin compañeros de viaje, ¿con quién te reirás?